MARCO POLO

BESTE STAD… DER WELT Frankfurt 2018

Hey, Alltag!

Schon klar, du bist immer da. Aber wenigstens kann man dich bunt anmalen: beim Tortenschlemmen, fein Frühstücken oder hart Feiern, auf Spaßtour mit den best friends oder beim romantischen Dinner zu zweit. Der Cityguide MARCO POLO »Beste Stadt der Welt – Frankfurt« hat jede Menge Tipps parat, um Farbe in alle Lebenslagen zu bringen: am öden Montagabend, wenn die Schwiegereltern kommen oder wenn sportliches Auspowern angesagt ist. Damit ist klar: Die beste Stadt der Welt – ist die eigene! Denn sie hat alles zu bieten, zwischen Main Tower, Paulskirche, Bockenheim und Sachsenhausen. In jedem Moment und für jedes Gefühl. Hey, Alltag, haaaallo! Willste etwa schon gehen?

Meeting Montag 10 Uhr – der Umhang sitzt

ALLTAGS-HELDEN: MONTAG BIS FREITAG

POWER TO GO 6

YES, WE LUNCH! 9

KOFFEINSHOT 13

AFTER-WORK-FUTTER 16

Nimm das, Montagabend! 20

TRESENTREFF 22

Couch? Nö! 26

POWER TO GO

Frühstück einpacken, das Büro wartet nicht

VITAMIN-DOPING FÜR DEN ARBEITSTAG

Wer so früh am Morgen beim besten Willen keine feste Nahrung runterbekommt, ist mit dem reichhaltigen Smoothie-Angebot von Nykke & Kokki am Baseler Platz bestens bedient. Neben Green Smoothies und Fruchtkreationen kommen hier frisch gepresste Säfte in den Becher. Und für den etwas größeren Frühstückshunger landen Bio-Backwaren aus regionalem Anbau in der Tüte zum Mitnehmen.

➔ NYKKE & KOKKI

City | www.nykke-kokki.com | Mo–Fr 8–17 Uhr | Baseler Str. 10 | Tel. 069 97 69 76 30

DIE STULLE IST ZURÜCK

Das Eckhaus am Kornmarkt war schon vor Jahrzehnten als Kaffeehandlung der Stern-Rösterei Kult. Stern-Kaffee gibt es hier immer noch, dazu lecker duftende Kuchen und frische Croissants. Auch ein beliebtes Grundnahrungsmittel aus längst vergangenen Zeiten erfährt hier ein Revival: die gute alte Stulle. Belegt wird sie mit bestem Schinken, Käse und Gemüse frisch aus dem Grill.

➔ BROT UND SEINE FREUNDE

City | www.brotundseinefreunde.de | Mo–Fr 7–20, Sa 7.30–19, So 7.30–18 Uhr | Kornmarkt 5 | Tel. 069 20 97 78 85

GLÄSERNE BACKSTUBE

Haben Sie sich auch schon mal gefragt, wie ein Bäcker frühmorgens müde seinen Teig knetet? Hier erleben Sie live, dass es ganz anders ist, als man es sich vorstellt. Hinter der Glasscheibe zur Backstube entstehen die INSIDER TIPP legendärsten Hefeschnecken Frankfurts, dick belegte, ofenfrische Stullen und leckere Käsedinger. Falls Sie sich mal wieder zu lang die Nase plattgedrückt haben: Bringen Sie Ihrem Chef doch einfach eine Kleinigkeit mit. Er wird es verstehen!

➔ ZEIT FÜR BROT

Nordend | www.zeitfuerbrot.com | Mo–Fr 7–20, Sa 7.30–19, So 7.30–18 Uhr | Oeder Weg 15 | Tel. 069 56 99 81 50

MAL EBEN ZUM PETIT-DEJEUNER

Hier könnte man auf dem Arbeitsweg glatt vergessen, dass man sich mitten in der Mainmetropole und nicht an der Seine befindet. In den Körben stapeln sich Brötchen und natürlich Baguettes. In den Auslagen warten Pain au Chocolat und der nur minimal kalorienärmerere Bruder Croissant auf hungrige Abnehmer. Und ein leckerer französischer Wein, der einen den Rest des Tages an den nahenden Feierabend erinnert, wandert auch gleich in die Einkaufstasche.

➔ LA MAISON DU PAIN

Sachsenhausen | www.lamaisondupain.com | Mo–Fr 7.30–20, Sa–So 8–20 Uhr | Schweizer Str. 63 | Tel. 069 61 99 44 81

Westend | Mo–Fr 7.30–19, Sa–So 8–19 Uhr | Bockenheimer Landstr. 66 | Tel. 069 24 70 69 30

Korn-kraft
Zeit für Brot – aber welches?

WO BACKEN NOCH HANDWERK IST

Fertigteig irgendwo aus Asien, der einfach nur noch aufgebacken wird, igitt! So etwas kommt in dieser Backstube nicht in den Ofen. Dafür werden die frischen Zutaten hier regional und saisonal gekauft, in Frankfurt nach 80 Jahre altem Rezept gebacken und landen dann noch warm in der Auslage der Bäckerei. So kümmern Sie sich nicht nur um Ihren Frühstückshunger, sondern gleichzeitig auch ums Nachhaltigkeits-Karma.

➔ BÄCKEREI HUCK

Ostend | www.huckgmbh.de | Mo–Fr 6–18, Sa 7–14, So 7–12 Uhr | Sonnemannstr. 81 | Tel. 069 97 76 69 30
Bockenheim | Mo–Fr 6.30–18, Sa–So 7.30–14 Uhr | Adalbertstr. 1 | Tel. 069 26 01 31 39

VERPFLEGUNG AUS DEM WOHNZIMMER

Verlagern Sie Ihren mobilen Arbeitsplatz am besten direkt ins kleine Nordend-Wohnzimmer, denn der Abschied ins Büro wird Ihnen schwer fallen. Als Trost für die, die trotz aller Diskussionen mit dem Chef weiterziehen müssen: Im ehemaligen Tabakladen gibt's belegte Bagels und Brötchen mit persönlicher Note sowie die eigene Sorte Barista-Kaffee auch to go.

➔ IM GLÜCK

Nordend | www.imglück.com | Di–Fr 8–17, Sa–So 9–17 Uhr | Gluckstr. 17 | Tel. 069 5 96 98 49

Mittags Meat

Ojo de Agua: Qualität, aber hallo!

YES, WE LUNCH!

Arbeit lassen, Essen fassen

HER MIT DEM STAMMESSEN

Unkompliziert und doch exquisit – so lautet Ihr Mantra heute Mittag. Schnell muss es auch noch gehen. Kein Wunder, dass das Universum Sie zu Margarete führt. Blumen-Mastermind Simon Horn (S. 80) und Raffaela Schöbel betreiben das wunderbar schlichte und lichte Restaurant, das »internationale Gastlichkeit mit Frankfurter Wurzeln« bietet – köstlich, bodenständig und mit Sachverstand zubereitet. Und besonders empfehlenswert zur Mittagszeit, wenn das sehr gute Stammessen unverzüglich zum Genuss bereit steht.

➔ **MARGARETE**

City | **Mo–Fr 12–14.30, ab 18 Uhr, Sa, So ab 18 Uhr | Braubachstr. 18–22 | Tel. 069 13 06 65 00**

ICH. WILL. STEAK.

Keine Lust auf Häppchen und Salat? Wem mittags schon ordentlich der Magen knurrt und es nach Fleisch gelüstet, der fühlt sich im Lokal des Yello-Sängers Dieter Meier pudelwohl. Die bewusst reduzierte Speisekarte bietet Tatar, Roastbeef und Filet vom Bio-Rind, das zuvor noch auf den argentinischen Hochflächen von Meier gegrast hat – zum Mittag in kleinen Portionen und zum günstigeren Preis.

➔ **OJO DE AGUA**

City | **www.ojodeagua.de | Mo–Sa 11–23, warme Küche: 12–15, 18–22 Uhr | Hochstr. 27 | Tel. 069 92 02 05 10**

NICHT LANG FACKELN, AB IN DIE SUPPENBAR!

Sonst sind die Highlights – wie hausgemachte Pierogi, polnische Teigtaschen, serviert mit geschmelzten Zwiebeln und Sauerrahm – schon ausverkauft. Hier kocht die Chefin selbst, und was aus den Kesseln auf den Teller kommt, ist – Achtung: Pusten! – heiß und köstlich! Das Angebot wechselt je nach Tageskarte, Versionen mit und ohne Fleisch sind immer mit dabei – vom Klassiker Linsen- bis zur Erdnuss-Suppe. Auf Zusätze verzichtet man hier sowieso, viele Gerichte sind außerdem vegan oder für Gäste mit Laktose-Intoleranz geeignet.

➔ **LA SOUPE**

Bornheim | **Mo–Fr 11–16.30, Sa 11–15 Uhr | Mainkurstr. 4 | kein Tel.**

SCHMECKT WIE GESCHMIERT

Brotzeit zum Mittag? Warum nicht! Dann nix wie hin zur kleinen Anna: Kreativität ist angesagt im kleinen Stullenimbiss, in dem Chefin Antje Gutenste die Aufstriche täglich frisch zubereitet. Die frischen Scheiben vom Steinofenbrot werden mit Belägen nach Wunsch zubereitet und dann gegrillt. Dazu lässt man sich die beliebten Tagessalate schmecken – und hinterher noch einen leckeren Nachtisch zum Kaffee.

➔ DIE KLEINE ANNA

Gallus | www.kleineanna.de | Mo–Fr 9–16 Uhr | Mainzer Landstr. 111 | Tel. 069 45 09 48 94

KULISSENWECHSEL WIRKT WUNDER

Bitte einmal Akkuaufladen! Persische Gastlichkeit, genau das Richtige zum Auftanken im stressigen Arbeitstag. Neugierde und Risikofreudigkeit – ist es nicht das, was der Changemanager letztens gepredigt hat? Fangen Sie einfach an mit den unbekannten Leckereien auf der Speisekarte. Benannt ist das Lokal übrigens nach einem Vorort der iranischen Stadt Maschad, die für ihre leckeren Fleischspieße – die *tschelo kebab* – bekannt ist. Wenn nach dem Essen noch Zeit für eine Extra-Belohnung ist, gönnen Sie sich eine Portion *falude*, **INSIDER TIPP** persisches Eis aus Glasnudeln.

➔ SCHANDIS

Nordend | www.schandis.de | tgl. 12–23.30 Uhr | Nordendstr. 2 | Tel. 069 55 73 37

BISTRO? ABER OHO!

Wer's schlicht und lecker mag, ist im Bidlabu an der richtigen Adresse. Das kleine Bistro ist unprätentiös eingerichtet, aufgemöbelte Schulstühle und Tischplatten aus Baubohlen vermitteln einen Sinn fürs Wesentliche. Der kulinarische Input folgt dem Globalisierungstrend, trotzdem bleibt Raum für kreative Regionalküche, zum Beispiel: Spargelrisotto mit Grapefruit, Gartenkresse, Rapsöl und Parmesan. Alles wird mit viel Liebe zum Detail zubereitet – überzeugen Sie sich selbst mit einem Blick in die offene Küche.

➔ BIDLABU

City | bidlabu.de | Mo–Fr 12–15 und ab 18, Sa 13–16 und ab 18 Uhr | Kleine Bockenheimer Str. 14 | Tel. 069 95 64 87 84

PRIMA PASTA!

Warum umständlich, wenn's auch einfach geht? Das Pasta e Panini ist jeden Tag zur selben Uhrzeit geöffnet und auch die frühe Mittagspause kann man hier bei bester hausgemachter Pasta verleben. Was allerdings genau auf der Tageskarte steht, bleibt bis zum Besuch eine Überraschung – empfehlenswert ist aber jede einzelne Nudelkreation.

➔ PASTA E PANINI

Bockenheim | www.pastaepanini.de | tgl. 11.30–23 Uhr | Adalbertstr. 44–48 | Tel. 069 24 14 44 48

Sitzen-bleiben!
Weil es so lecker ist im Bidlabu

CHÖN CHARF!

Wer hier den Helden (respektive: die Heldin) spielen will, ist selbst schuld: Die Schärfegrad-Angaben der selbsternannt besten Currywurst Frankfurts sind durchaus ernst zu nehmen! Neben den Scoville-reichen Saucen überzeugt auch die Grundzutat (Rinds- oder Schweinswurst). »Godfather of Worscht« Lars Obendorfer lässt seiner Phantasie zu besonderen Anlässen gern freien Lauf – so gibt's hier für kulinarisch Offenherzige beispielsweise auch schon mal eine Weihnachtswurst mit gestampften Spekulatius.

➔ BEST WORSCHT IN TOWN

Nordend | www.bestworschtintown.de | Grüneburgweg 37 | Tel. 069 72 11 29 | Berger Str. 80 | Tel. 069 17 51 73 18
Ostend | Hanauer Landstr. 220 | Tel. 069 59 60 42 07

DER UNBESCHEIDENSTE INDER IN TOWN

Selbstbewusste vor: »The best indian restaurant in Frankfurt« nennt sich Bollys Chillys ohne falsche Bescheidenheit. Ob das stimmt? Probieren Sie selbst: Die reichhaltige Auswahl hält mit Chicken Korma, Currys, Lachs, Lamm, Shrimps und natürlich Vegetarischem für jeden Geschmack das passende Gericht bereit. Sie gehören auch zur Kategorie der Entscheidungsunfreudigen? Dann sind die schon fix und fertig zusammengestellten Thalis eine super Sache. Und mittags bekommt man hier zum wirklich hervorragenden Preis ein stattliches Menü.

➔ BOLLYS CHILLYS

City | www.bollyschillys.de | Mo–Fr 11–14.30, 18–22, Sa,So 17–22 Uhr | Bethmannstr. 19 | Tel. 069 27 13 57 56

ATTACKE TEX-MEX

Slow Fast Food! Hää? Frisch gekocht und trotzdem für den schnellen Hunger geeignet, so erklärt die Burrito Bande die Idee hinter ihren gefüllten Teigtaschen. Pulled Beef, vegetarisches Soja-Hack und exotisch gewürztes Hühnchen: Hier schmeckt einfach jede Füllung genial! Das Start-up ist zu einer der größten Gastro-Erfolgsgeschichten Frankfurts mutiert. Neben ihrem festen Standort am Hauptbahnhof sind die Bandenmitglieder mit mehreren Trucks in Frankfurt unterwegs.

➔ BURRITO BANDE

Bahnhofsviertel | www.burritobande.de | tgl. 10–21 Uhr | Hauptbahnhof (in der Markthalle), Standorte und Termine der Foodtrucks online | Tel. 069 95 64 93 20

LUNCHEN LOHNT

Für viele der beste Japaner mit dem köstlichsten Sushi der Stadt – und auch Edamame, Rindfleisch in hauchdünnen Scheiben, kleine Salate und viele andere Leckereien schmecken hier sehr fein. Das hat natürlich seinen Preis, weshalb sich Lunchen zum INSIDER TIPP günstigen Mittagsangebot (inklusive grünem Tee!) doppelt lohnt – geschmacklich und finanziell. Das Ambiente ist schnörkellos und typisch japanisch, der Service ebenso.

➔ IWASE

€€€ | City | Di–Sa 12–14, 18.30–22.30 Uhr | Vilbeler Str. 31 | Tel. 069 28 39 92

OH LÀ LÀ

Sterneküche ganz charmant und gemütlich: Mit einem Michelin-Stern kann sich Erno's Bistro schon seit 1998 schmücken. Der Chefkoch ist gebürtiger Franzose und versieht die feine Küche seiner Heimat mit eigenem Dreh – und das täglich nicht nur zum noblen Dinner, sondern auch zum wunderbar unkomplizierten Mittagstisch. Einer der edlen Tropfen aus der mehrere Hundert Positionen umfassenden Weinkarte ist natürlich eher etwas für den Abend. Also sollte man vielleicht doch noch mal wiederkommen …

➔ ERNO'S BISTRO

€€€ | Westend | www.ernosbistro.de | Mo–Fr 12–14, 19–22 Uhr | Liebigstr. 15 | Tel. 069 72 19 97

Essen gerollt
Voller Ideen, die Burrito Bande

KOFFEIN-SHOT

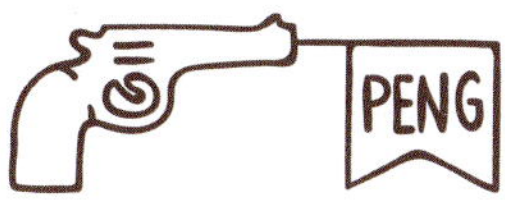

OHHHH, DAS DUFTET! KANN MAN SICH DA REINSETZEN?

Dem Stern-Kaffee der Rösterei Wissmüller begegnet man in Frankfurt ja öfters mal. Am meisten Spaß macht aber ein Besuch im Haupthaus, wo die Zeit stehengeblieben scheint: Hier zwängt man sich gern in den Mini-Vorraum zu den heiligen Hallen, um den Duft von frisch gerösteten Bohnen zu atmen. Setzen Sie sich ins dazugehörige Café und lassen sich den »Türkentrank« nach Wunsch aufbrühen.

➔ **STERN KAFFEERÖSTEREI WISSMÜLLER**

Bockenheim | www.kaffeeroesterei–wissmueller.de | Mo–Fr 8–18.30, Sa 9–15 Uhr | Leipziger Str. 39 | Tel. 069 77 18 81

TRADITIONELL GUT

Früher konnte man hier Herrn Goethe begegnen, der in das Haus am Kornmarkt 9 ging, um sich mit Milch zu versorgen. Heute stehen in dem Fachgeschäft für Kaffeespezialitäten einige der beliebtesten Röstbohnen Frankfurts zum Verkauf. Der Feinkostladen mit eigener Rösterei und Café ist Pilgerstätte für Fans des Wachmachers: Wer hier einen Stuhl oder gar Tisch ergattern will, muss früh auf- oder lange anstehen. Kluge Kaffeefans machen es sich einfach und nehmen ihr Heißgetränk deshalb einfach to go.

➔ **WACKER'S**

City | www.wackers–kaffee.de | Mo–Sa 8–19 Uhr | Kornmarkt 9 | Tel. 069 28 78 10

Bornheim | Mo–Fr 8–19, Sa 8–18, So 9–18 Uhr | Berger Str. 185 | Tel. 069 46 00 77 52

DIE REINE LEHRE

Ins Koffein gehört ordentlich Zucker! Mit dieser Einstellung müssen Sie sich vielleicht doch eine andere Adresse suchen. Oder darauf hoffen, dass Sie unter der Hand etwas zugesteckt bekommen: Denn eigentlich sind die jungen, preisgekrönten Röster von Hoppenworth & Ploch ausgesprochene Kaffeepuristen. Nur so lassen sich die einzelnen Terroirs, also die Herkunftsgebiete der jeweiligen Bohnen, optimal herausschmecken. Mit dieser klaren Linie polarisiert man bewusst – und hat zugleich längst einen schönen, kleinen Hype hervorgerufen.

➔ HOPPENWORTH & PLOCH

Nordend | www.hoppenworth-ploch.de | Mi–Fr 8–19, Sa 10–19, So 12–19 Uhr | Friedberger Landstr. 86 | Tel. 069 84 77 92 49 (Rösterei)
Westend | Mo–Fr 9.30–18, Sa, So 12–17 Uhr | Uni-Campus, Siolistr. 7 (Café)

HEILIG'S KÄFFCHE

In diesem Kaffeehaus sind gute Bohnen heilig – und viele der Mikroröstungen, die hier durch den Handfilter oder die Maschine laufen, extrem rar. Jede einzelne Wahl wird mit viel Liebe und Sachverstand zubereitet, damit sich die enthaltenen Aromen optimal entfalten können. Leckere Kleinigkeiten gibt's auch, ebenso wie das nötige Equipment für die Zubereitung zu Hause.

➔ THE HOLY CROSS BREWING SOCIETY

City | www.theholycross.de | Di–Fr 8.30–19, Sa, So 10–19 Uhr | Fahrgasse 7 | Tel. 069 34 70 32 11

BIO, REGIONAL, SOZIAL ...

Kaffeetrinken mit gutem Gewissen? Kein Problem: Basaglia ist die einzige Frankfurter Rösterei, die ausschließlich bio im Angebot hat und zudem mit einer sozialen Idee aufwartet. Der Name geht zurück auf Franco Basaglia, den Begründer der demokratischen Psychiatrie. In seiner Tradition arbeiten hier Menschen mit seelischen Behinderungen, denen Rösterei und Café Struktur und soziale Hilfe im Alltag bieten.

➔ BASAGLIA

Gallus | www.cafebasaglia.de | Mo–Fr 8–17 Uhr | Mainzer Landstr. 223 | Tel. 069 739 43 67 18 (Rösterei)
Westend | Mo–Fr 7.30–17 Uhr | Eschersheimer Landstr. 65 | Tel. 069 739 43 67 18 (Café)

DIE FILTERKAFFEE-SEXYMACHER

Preisfrage: Was ist sexier – fachkundig durch den Siebträger mit viel Druck gejagter Espresso oder ebenso fachkundig nach allen Regeln der Kunst aufgebrühter Filterkaffee? Wir wollen uns da nicht festlegen, aber diese Adresse zelebriert vor allem letztgenannte Variante: Im Brühmarkt werden die Bohnen in Form von Espresso- oder Kaffeeröstung ausgewählt und anschließend fachgerecht aufgebrüht. Das Ergebnis hat mit dem schnöden Nachmittagskaffee vom Kuchenbuffet nur noch wenig zu tun. Kosten und staunen Sie selbst!

➔ BRÜHMARKT

Bockenheim | www.kaffeewerk-espressionist.de | Mo–Fr 8–19, Sa, So 10–19 Uhr | Leipziger Str. 1 | Tel. 069 71 91 81 22

Tassen hoch!

Wachmacher tanken im Brühmarkt

AFTER-WORK-FUTTER

Selber kochen? Bin doch nicht blöd

ICH BIN DANN MAL WEG ...

Keine Lust mehr auf Bockenheim? Ein Schritt durch die Restauranttür in der Kiesstraße und schwupps – stehen Sie mitten in Afrika. Bei den Spezialitäten aus Eritrea und Äthiopien dürfen Sie wählen, ob Ihnen Lamm- oder Rindfleisch als Hauptzutat besser schmeckt. Dazu wird das typisch-fruchtige DjuDju-Bier ausgeschenkt. Reservieren sollte man vor allem am Montagabend, wenn das INSIDER TIPP All-you-can-eat-Buffet aufgebaut wird (Mo 17–22 Uhr für 13,90 Euro).

AFRICAN HOUSE

Bockenheim | www.african-house.de | tgl. 17–24 Uhr | Kiesstr. 39 | Tel. 069 71 71 97 12

BELLA ITALIA, ICH KOMME

Was? Das Café Diesseits ist ein Restaurant und noch dazu ein ziemlich originalgetreuer Italiener? Klingt komisch – ist aber so! Auf der Karte stehen neben Pasta auch Fleisch- und Fischgerichte nach italienischem Rezept, dazu eine nette Wein- und eine riesige Cocktailauswahl. Wer günstig gut essen will, sollte am Wochenanfang vorbeikommen: INSIDER TIPP Montag ist Pastatag, Dienstag gibt es die meisten Schnitzelgerichte für 4,95 Euro.

CAFÉ DIESSEITS

Bockenheim | www.cafe-diesseits-ffm.de | Mo 9–24, Di–Sa 9–1, So 9–23 | Konrad–Broßwitz–Str. 1 | Tel. 069 77 03 38 16

HEIMWEH NACH BRASILIEN

Heimweh bekämpft man am besten mit Essen, das wie zu Hause schmeckt. Davon kann die Belegschaft im Do Brasil ein Lied singen. Wer hier reinkommt, erlebt Brasilien von seiner schönsten Seite. Gekocht wird mit Originalzutaten, serviert mit brasilianischer Herzlichkeit. Und damit haben sich die Restaurantmacher auch selbst eine kleine, kunterbunt dekorierte Heimat in Frankfurt geschaffen. Denn auch das Auge kennt Fernweh.

DO BRASIL

Westend | www.dobrasilfrankfurt.de | Mo–Fr 11.30–15, 18–22.30, Sa 18–22.30 Uhr | Arndtstr. 24 | Tel. 069 13 02 00 50

BURGER FÜR BATMAN

Auch Superhelden brauchen ab und an eine Stärkung. Und weil das mit Burgern besonders lecker funktioniert, ist es kaum verwunderlich, dass sich Batman und Co an den Wänden tummeln. Das Superheldendesign im Inneren ist aber lange nicht das Einzige, was das Burgerrestaurant in der Leibnizstraße besonders macht. Auf der Karte landen regelmäßig neue mutige Kreationen wie das typisch Frankfurter Grüne-Sauce-Topping. Irgendwoher muss der Hulk ja auch seine gesunde Farbe bekommen.

➔ HEROES PREMIUM BURGERS

Nordend | **www.heroes-burgers.de | Mo–Do 12–23, Fr 12–24, Sa, So 13–23 Uhr | Leibnizstr. 13 | Tel. 069 84 77 37 35**

PARIS IM HINTERHOF

So ein Ausflug in die Stadt der Liebe steht gerade bei Singles ja nicht ganz so weit oben auf der Bucket-List. Wenn das französische Essen nur nicht so verdammt lecker wäre! Wie gut, dass Frankfurt nach Feierabend da ebenfalls etwas zu bieten hat. Im Ambiente einer echten Brasserie serviert das Jaspers eine kreative Mischung aus französischer und deutscher Küche. Die wechselnde Karte sorgt für eine große Bandbreite von bodenständigen bis exklusiven Gerichten mit passenden Weinen.

➔ JASPERS

€€€ | Sachsenhausen | **www.jaspers-restaurant.de | Mo–Sa 19–1 Uhr | Schifferstr. 8 | Tel. 069 61 41 17**

GRIECHISCHER ADLER

Sie schauen sich Eintrachtspiele am liebsten in der heimischen Glotze an? Dann waren Sie wohl noch nicht im Qualitätseck, wo neben dem gemeinsamen Torjubel in familiärer Runde vor allem leckeres griechisches Essen auf Sie wartet. Die wechselnde Wochenkarte sorgt für Überraschungen, kühler Ouzo für Trost, falls der Fußballgott der Eintracht doch mal wieder nicht hold ist. Wenn der Wettergott wenigstens macht, was er soll, können Sie sich an lauen Sommerabenden gemütlich in den kleinen Garten setzen.

➔ QUALITÄTSECK

Sachsenhausen | **tgl. 17–1 Uhr | Heddericher. 132 | Tel. 069 61 66 44**

Der Joker

Heroes Premium Burgers punktet mit kreativen Kombinationen

Kleine Fluchten
Ferienstimmung bei Fisch Franke

SPEZIALIST FÜR WASSERBEWOHNER

Nicht nur Fischers Fritz fängt frische Fische, sondern auch die Lieferanten des Innenstadt-Klassikers Fisch Franke. Hier kommt neben zahllosen Fischsorten aus See, Fluss und Meer auch traditionelle Feinkost auf den Tisch. Die Felsenaustern gelten als die besten, die es in der Stadt zu kaufen gibt.

➔ **FISCH FRANKE**

City | www.fischfranke.de | Mo–Fr 9–21, Sa 9–17 Uhr | Domstr. 9–11 | Tel. 069 29 62 61

WER WILL DA NOCH INS MÖBELHAUS?

Haben Sie auch einen Freundeskreis, der steif und fest behauptet, die besten *köttbullar* gäbe es immer noch im blau-gelben Möbelhaus? Trommeln Sie die Leutchen einfach zusammen und belehren Sie sie eines Besseren im … wie heißt der Laden noch mal? Smørgås. Namensgeber sind jene »offenen Brote«, die in Schweden, Dänemark und Norwegen praktisch zu jeder Tageszeit gegessen werden. Für eine Extraportion Skandinavien-Feeling bestellen Sie die **INSIDER TIPP** Spezialitäten mit Elch und Lamm.

➔ **SMØRGAS**

Bornheim | www.smorgas-frankfurt.de | Di–Sa 17.30–23.30, So 17–22.30 Uhr | Burgstr. 82 | Tel. 069 84 77 70 92

KÜCHENEXPERIMENTE MIT BARFLAIR

Das Walon & Rosetti liegt im hippen Bahnhofsviertel und ist eine gute Adresse für trendige internationale Küche. Die Gerichte sind üppig und inspiriert, ebenso die zahlreichen Varianten an Cocktails und Longdrinks. Soll heißen, wenn sie den Feierabend auch noch mit einem leckeren Drink ausklingen lassen wollen, bleiben Sie am besten gleich, wo Sie sind. In den späteren Abendstunden verwandelt sich das Restaurant ganz automatisch in eine Bar.

➔ WALON & ROSETTI

€€€ | Bahnhofsviertel | www.walon-rosetti.com | Mo–Sa 17–1 Uhr | Moselstr. 15 | Tel. 069 25 75 59 73

MEXIKANISCHES ERFOLGSREZEPT

Die verschiedenen Reis-, Gemüse- und Fleischgerichte werden hier eingerollt in Burrito und Quesadilla, in knusprigen Tacos oder in Schalen serviert. In knapp fünf Jahren ist so aus einem Experiment mit gesunder mexikanischer Küche in der Mainmetropole eine Erfolgsformel geworden. Mit inzwischen drei Standorten gehört die Yumas-Küche zu den besten Mexikanern der Stadt. Und wenn Sie doch einmal das gemütliche Bingewatching vorziehen – lassen Sie sich einfach nach Hause liefern.

➔ YUMAS

Westend | www.yumas.de | Mo–Fr 11.30–22, Sa, So 17–22 Uhr | Feuerbachstr. 46 | Tel. 069 94 98 44 28
Nordend | tgl. 11.30–22 Uhr | Berger Str. 98 | Tel. 069 27 24 63 44

PASTA IM STYLISHEN LOFT

Haben wir uns im Stadtteil vertan? Nein! In Preungesheim ist mit dem Godi seit 2016 tatsächlich einer der coolsten Italiener der Stadt eingezogen. Das Loftstil-Design zeigt Wirkung und lockt die Besucher scharenweise in den Frankfurter Norden. Auf der Karte stehen neben traditionellen Pastagerichten auch Antipasti, Fleisch- und Fischspezialitäten, die einen den Abend lang ins urbane Italien entführen.

➔ GODI

Preungesheim | www.eatgodi.de | Di–Do 18–23, Fr–So 12–23 Uhr | Gravensteiner Platz 6 | Tel. 069 67 77 70 07

KEINE FRAGEN MEHR, NUR ANTWORTEN!

Großer Hunger, kleiner Hunger? Nach diesem anstrengenden Arbeitstag fällt es Ihnen schon schwer zu sagen, wo oben und unten ist. Da gibt's nur eine Lösung: Tapas! Die kleinen spanischen Häppchen können nicht nur beliebig oft nachbestellt werden, sondern sind außerdem noch Seelenfutter erster Güte, die den Stress in mediterraner Leichtigkeit versinken lassen. Bleibt nur noch die Entscheidung zwischen *albóndigas, tortilla* oder *chorizo*. Treffen Sie die einfach nach Bauchgefühl!

➔ CASA PINTOR

Nordend | www.casapintor.de | tgl. 18–2 Uhr | Bornwiesenweg 75 | Tel. 069 5 97 37 23

Nimm das, Montagabend!

INSPIRATION FÜR DIE EIGENE KÜCHE

Das Wochenende ist vorbei, und die Liste an Freunden, die Sie mal wieder nicht zusammentrommeln konnten, lang? Kein Problem! Kurz die Gäste durchzählen und nach Feierabend im Kochhaus vorbeispringen, um die perfekte Menge an Zutaten fürs Montagabendmenü zu kaufen. Die Rezepte zu den fix und fertig zusammengestellten Paketen gibt's gratis dazu – und der Kochabend der ganzen Clique kann beginnen.

KOCHHAUS BOCKENHEIM

Bockenheim | www.kochhaus.de/kochhaus-bockenheim | Mo–Sa 10–21 Uhr | Leipziger Str. 43 | Tel. 030 5 77 08 91 00

WIR SINGEN FÜR UNS!

Ärgerlich! Ihr Wochenende brachte neben einer kranken Gesangspartnerin und einer überfüllten Karaokebar auch noch einen Junggesellenabschied, der mit »We Are the Champions« den ganzen Stadtteil zusammengebrüllt hat. Warum also nicht gleich am Montagabend die schlechte Laune vertreiben? In der Melody Karaoke Bar gibt es neben der Riesen-Songauswahl auch verschieden große Räume, in denen Sie und Ihre Freunde endlich ungestört sind.

MELODY KARAOKE

Gallus | **www.melodyktv.de | Mo, Mi, Do, So 17–3, Fr, Sa 17–5 Uhr | Preise je nach Zeit und Gruppengröße | Lahnstr. 53 | Tel. 069 84 84 32 09**

LASS DICH ÜBERRASCHEN

Hat Ihr Geldbeutel auch wieder so unter dem Wochenende gelitten? Dabei wollten Sie doch Montag mit Freunden ins Kino. Günstig wird's bei der Sneak-Preview im CineStar Metropolis. Hier gibt es jeden Montag ab 20.15 Uhr einen synchronisierten sowie ab 21 Uhr einen Film in Originalfassung für 5,50 Euro. Welche Vorpremieren auf die Leinwand kommen, erfahren die Besucher erst bei Filmbeginn.

CINESTAR METROPOLIS

City | **www.cinestar.de/de/kino/frankfurt-am-main-cinestar-metropolis | Eschenheimer Anlage 40 | kein Tel.**

WO DIE WORTE SCHWITZEN

Die Idee, an einem Montag im Monat »die Stadt vorm drohenden kulturellen Untergang zu bewahren«, kommt gut an. Bereits seit acht Jahren sind beim Poetry Slam Deluxe des English Theatre die Karten ruckzuck ausverkauft. Reservieren Sie am besten direkt Tickets für die nächste Show! Moderiert wird vom preisgekrönten Poetry-Slammer Lars Ruppel, zu Gast sind neben deutschen Dichtern auch immer wieder Talente aus den USA. Die Sieger kürt das Publikum.

POETRY SLAM DELUXE

City | **www.english-theatre.de/programme/poetry-slam | Eintritt 12, ermäßigt 8 Euro | Programm auf der Website | Gallusanlage 7 | Tel. 069 24 23 16 20**

BARABEND FÜR BESSERWISSER

Sie lieben das irische Kultgetränk vom Fass und wissen außerdem, warum Bier-Erfinder Arthur Guiness den Pachtvertrag der Brauerei seinerzeit auf ganze 9000 Jahre abschloss? Das heißt, Sie sind richtig beim Pubquiz, wo sie jeden Montag ab 21 Uhr mit unnützem Wissen prahlen können. Dazu gibt es fruchtige Cocktails – für Quizzer, die neben einem kühlen auch einen nüchternen Kopf behalten wollen, selbstverständlich auch alkoholfrei.

O'DWYERS PUB

Sachsenhausen | **www.odwyers-frankfurt.de | So–Do 17–1, Fr, Sa 17–3 Uhr | Klappergasse 19 | Tel. 069 96 23 37 38**

TRESEN-TREFF

Feierabend-bier, ham' wir uns verdient

MAN DUZT SICH

Ich glaub, mein Pferd wiehert! Beim Betreten der kleinen Kneipe im Gallus werden Sie tatsächlich vom Wiehern der legendären guten Stute begrüßt – einer der Gründe, warum ein Besuch hier eine Weile im Gedächtnis bleibt. Ausgeschenkt werden vor allem Bier und Apfelwein sowie der womöglich INSIDER TIPP günstigste Gin Tonic der Stadt (3 Euro). Zur Rechnung gibt's von Wirt Ivo für jeden ein Abschiedsgetränk. Selbstgebrannt, versteht sich!

➔ GUTE STUTE

Gallus | www.gute-stute.com | Mo–Sa 15–1 Uhr | Kölner Str. 42 | Tel. 069 7 30 68 14

NACHBARSCHAFTSKNEIPE IM KAMERUN

Ganz normal soll es hier zugehen – so die Idee dieser gemütlichen Kneipe, die doch ganz besonders ist. Jedes Möbelstück und jeder Dekorationsgegenstand erzählt seine eigene Geschichte, einladende Sitzgruppen und eine Sofaecke machen das Wohnzimmer-Feeling perfekt. Eine Leidenschaft von Wirt Ioannis Giagkos sind Craft-Biere, die er nun auch seinen Gästen anbietet. Dass dieser Fahrplan richtungsweisend ist, wissen nicht nur Fans und Stammgäste im Gallus. Im Nordend wurde 2016 die zweite Normalkneipe eröffnet.

➔ NORMALKNEIPE

Gallus | www.normalkneipe.de | tgl. 16–1 Uhr | Frankenallee 113 | Tel. 069 75 98 38 38
Nordend | tgl. 18–1 Uhr | Nordendstr. 53 | Tel. 069 90 55 08 50

WARUM DENN STREITEN?

Dreht sich die Diskussion um die Fragen, Kaffee oder Bier am Feierabend, gemütlich oder mit Livemusik, ist mit Ihrem Freundeskreis nicht zu spaßen? Dann wäre doch ein Ort perfekt, der so ziemlich alle Möglichkeiten zusammenbringt. Die kleine Schwester der Kultinstitution Batschkapp weiß, wie's geht, und sorgt mit Livekonzerten, lauter Musik, Bar- und Café-Atmosphäre so ziemlich bei jedem für gute Laune.

➔ NACHTLEBEN

City | www.batschkapp.de | Mo–Mi 10.30–2, Do–Sa 10.30–4, So 19–2 Uhr | Eintritt je nach Veranstaltung | Kurt-Schumacher-Str. 45 | Tel. 069 2 06 50

Volltreffer
Bierkult in der Normalkneipe

IRISCHER FEIERABEND

Ein kühles, frisch gezapftes Guiness kann für Sie selbst den blödesten Tag wieder zu etwas Wunderbarem machen? Ein klarer Fall fürs Waxy's, einen der originalgetreusten Irish Pubs im gesamten Stadtgebiet. Hier laufen auf großen Bildschirmen Bundesliga, Premier League und Rugby. Cider und Guiness gibt's für die Gemütlichkeit gleich mit dazu. Wenn Sie lieber Ihre Ruhe wollen, findet sich auf einer der anderen Etagen oder im gemütlichen Outdoor-Bereich sicher irgendwo ein stilles Plätzchen.

➔ WAXY'S

City | www.waxys.de | Mo–Do 17–1, Fr, Sa, 12–4, So 12–23 Uhr | Taubenstr. 11 | Tel. 069 36 60 33 65

MANCHMAL MUSS ES WAS BESONDERES SEIN – AUCH UNTER DER WOCHE

Mit verschiedenen Mottos wird im Willie James so ziemlich jeder Wochentag zu einem Highlight. Dienstags gibt es bei der INSIDER TIPP Ladies Night ab 18 Uhr einen Prosecco aufs Haus und tolle Cocktailangebote, mittwochs steht der Soulstern über dem stylishen Bar-Restaurant in der Innenstadt und donnerstags ruft die große After-Work-Party.

➔ WILLIE JAMES

€€€ | City | www.willie-james.com | Mo–Do 11–1, Fr, Sa 11–3 Uhr | Schillerstr. 10 | Tel. 069 92 03 78 51

TOLLE TAVERNA

Andere Großstadtbewohner sollen den Frankfurter ja wahlweise etwas belächeln oder beneiden: »Ach, bei euch geht man noch zum Griechen?« Aber ja! Und zwar zu DEM! Im Stil einer echten Taverna genießt man hier zusammen mit Jung und Alt, Griechen und Nichtgriechen einen wunderbaren Abend bei dem ein oder anderen Glas Wein bzw. Ouzo, Folklore-Musik und gutem Essen. So ein buntes Publikum gibt's jedenfalls nicht an jeder Ecke.

➔ DER GRIECHE

Westend | www.der-grieche-frankfurt.de | Mo–12–15, 17–2, Sa 14–2, So 17–22 Uhr | Kaiserhofstr. 12 | Tel. 069 13 01 46 60 14

LEGENDE AM FRANKFURTER KNEIPENHIMMEL

Kaum ein Ort lässt die Geschichte des ehemaligen Unistadtteils Bockenheim so authentisch aufleben wie diese Kneipe. In der Volkswirtschaft wird seit 1997 diskutiert, getrunken – und seit einigen Jahren beim Kneipenquiz auch Wissen vermittelt. Die regelmäßigen Termine und Themen der Quizabende werden auf der Facebook-Seite angekündigt. Eine Anmeldung ist Muss.

➔ VOLKSWIRTSCHAFT

Bockenheim | www.vowi.net | Mo–Fr 18–2, Sa 15–2, So 15–22 Uhr | Jordanstr. 13 | Tel. 069 77 64 00

ALLES ANDERE ALS VERSTAUBT

In unverkrampfter Atmosphäre, ganz ohne Coolnessfaktor, versammelt sich im Feinstaub ein gemischtes Publikum. Fernab des Mainstreams, aber nah am wahren Leben ist diese Kneipe keinesfalls staubig, sondern fein. Wechselnde DJs heizen die Stimmung an und zapfen zwischendurch auch mal ein Bier. Ein Hoch auf die Vielseitigkeit!

➔ **FEINSTAUB**

Nordend | www.dasfeinstaub.de | tgl. 19–2 Uhr | Friedberger Landstr. 131 | Tel. 069 20 01 86 66

... DA FRAGT DICH KEINER, WAS DU MACHST ODER BIST

Man mag ja von Peter Alexander halten, was man will, ... aber sein Klassiker von der kleinen Kneipe ist Gemütlichkeit pur! Ein Ort, wo Sie in Frankfurt genau das vorfinden, ist der Tannenbaum, wo neben reichlich Bier auch mal eine kleine Brotzeit an die rustikalen Möbel serviert wird. Das, in Kombination mit einigen Freunden und einem Fußballspiel im Eckfernseher, ist die perfekte Grundlage für einen entspannten Feierabend.

➔ **ZUM TANNENBAUM**

Bockenheim | Mo–Do 18–2, Fr, Sa 18–3, So 18–1 Uhr | Homburger Str. 19 | Tel. 069 77 44 94

EIN KELLER VOLLER JAZZ

Sie erholen sich am liebsten bei Musik vom Arbeitsalltag? Dann dürfte dieser kleine Club in Sachsenhausen perfekt für Sie sein, denn hier können Sie noch wahre Perlen entdecken. Mitglieder des Jazzclubs Frankfurt treten im Summa Summarum jeweils mittwochs und freitags auf, dienstags ist offene Bühne angesagt, und donnerstags und samstags ist hier Musik aus allen Stilrichtungen zu hören.

➔ **SUMMA SUMMARUM**

Sachsenhausen | www.facebook.com/Summa.Summarum.Musikkeller | Di–Sa 20–1, Veranstaltungen 21 Uhr | Eintritt frei | Klappergasse 3 | Tel. 0173 1 68 56 74

EINSTIMMEN AUFS CLUBWOCHENENDE

Na, juckt's schon wieder im Tanzbein? Dass Clubs nur am Wochenende öffnen sollten, leuchtet den Machern des Gibson Clubs auf der Zeil nicht ein, deshalb organisieren sie auch an vielen Abenden unter der Woche Konzerte und Partys. Besonders beliebt sind jeden Donnerstagabend die Auftritte der deutschlandweit tourenden **INSIDER TIPP** Urban Club Band (Do ab 20 Uhr, Eintritt frei bis 21 Uhr, danach 10 Euro). Und am Tresen treffen kann man sich hier natürlich auch, zum Beispiel auf einen der leckeren Cocktails.

➔ **GIBSON CLUB**

City | www.gibson-club.de | Öffnungszeiten je nach Programm | Zeil 77 | Tel. 069 94 94 77 70

KEINE BADEKAPPENPFLICHT

In diesem Schwimmbad steht nicht kühles Nass im Vordergrund, sondern die kultigsten Biersorten Deutschlands, die frisch vom Fass gezapft werden, darunter etwa Früh Kölsch und Astra Urtyp, die in Frankfurter Kneipen eher zu den Exoten zählen. Ein- bis zweimal im Monat wird beim Pubquiz am Mittwochabend der lange Atem beim Rätsellösen getestet.

➔ **SCHWIMMBAD**

Sachsenhausen | schwimmbad.bar | Mi, Do 19–24, Fr, Sa 19–3 Uhr | Affentorplatz 14 | kein Tel.

Couch? Nö!

Raus aus der Jogginghose!

AUF ROLLEN IN DEN FEIERABEND

Zusammen mit bis zu 3000 anderen Inlineskatern durch Frankfurt sausen? Juchhu! Beim Tuesday Night Skating können Sie über verschiedene Routen neue Winkel der Stadt erkunden. Für Inline-Anfänger ist die Veranstaltung allerdings nicht geeignet und eine komplette Schutzausrüstung ist Pflicht. In der Hochsaison werden zwei Runden gefahren, eine langsamere und eine schnellere für geübte Hobbyskater.

➔ TUESDAY NIGHT SKATING

Ostend | www.t-n-s.de | April–Okt. Di 20.30–23 Uhr | Treffpunkt Hafenpark, Mayfarthstr. 12

KULTUR IM ABO

Sie haben sich vorgenommen, endlich mal wieder regelmäßig Kultur zu tanken? Für fast jeden Wochentag bieten die städtischen Bühnen dafür das Abo »An festen Tagen«. Damit haben gerade Vielbeschäftigte die Möglichkeit, sich ihren Lieblingstag für den Theaterbesuch im Vorhinein auszuwählen und sechs Vorstellungen an bestimmten Terminen unschlagbar günstig zu besuchen.

➔ SCHAUSPIEL FRANKFURT

City | www.schauspielfrankfurt.de | Programm und Abopreise auf der Website | Neue Mainzer Str. 17 | Tel. 069 21 23 74 44

KLASSIKER IM RETRO-KINO

Egal ob Kinofeeling oder Filmstoff – früher war alles besser! Gut, dass es das Retro-Kino im Keller des Filmmuseums gibt. Hier kommen Hitchcock, Lang und Chaplin auf die Leinwand, oft sogar mit Live-Musikbegleitung oder Experteneinführung. Dienstags bis donnerstags werden in der Regel je um 18 und 22.30 Uhr zwei täglich wechselnde Filme gezeigt.

KINO IM FILMMUSEUM

Sachsenhausen | www.deutsches-filminstitut.de | Programm und Eintrittspreise auf der Website | Schaumainkai 41 | Tel. 069 9 61 22 02 20

FLATRATE AUF DER BOWLINGBAHN

Am Wochenende ist Ihnen die Bowlingbahn einfach zu voll? Kein Problem: Das Magic Bowl hat auch die Woche über auf und lädt Mittwoch und Donnerstag ab 22 Uhr zum INSIDER TIPP Nachtschwärmer-Bowling mit Flatrate: Pro Bahn zahlt eine Gruppe mit bis zu acht Personen dann nur 20 Euro und kann spielen, bis die Arme lahm beziehungsweise um 1 Uhr die Tore geschlossen werden.

MAGIC BOWL

Oberursel | www.magic-bowl.de | Preise auf der Website | Mo, Di 15–24, Mi, Do 15–1, Fr 15–2, Sa 10–2, So 10–24 Uhr | Hans-Mess-Str. 2c | Tel. 06172 68 80 00

JOGGINGHOSE? OKAY, ABER DANN AUCH LAUFEN!

Wie oft haben Sie sich in den letzten Monaten vorgenommen, endlich mal wieder mit Sport anzufangen? Damit das tatsächlich klappt, könnten Sie als Motivationshilfe den Spiridon-Lauftreff nutzen, der an verschiedenen Abenden der Woche passende Laufgruppen zusammenbringt. Diese Angebote für mindestens eine Stunde Bewegung sind kostenlos und finden das ganze Jahr über statt, bei jeder Witterung.

SPIRIDON LAUFTREFF

Sachsenhausen | www.spiridon-frankfurt. de | aktuelles Programm online | Treffpunkt: Sportanlage an der Babenhäuser Landstr.

Who let
the dogs out?

FEIER-ALARM!

GRUNDLAGE SCHAFFEN 30

VORGLÜHEN 34

CLUBHOPPING 37

Mädelstour 42

Betrunken in Spelunken 44

Beats, Bass, Besser 46

VERSACKEN 49

LATE SNACK ATTACK 53

KATERFRÜHSTÜCK 55

GRUNDLAGE SCHAFFEN

Keine Party auf leeren Magen!

ES GIBT FLEISCH, BABY

Fleisch, soweit das Auge reicht: Dies ist definitiv kein Ort für Vegetarier! Alle anderen können zwischen Cevapcici, Plejskavica und anderen Spezialitäten der Balkanküche wählen, die frisch überm Grill zubereitet und direkt an der Theke überreicht werden. Wer doch nichts auf die Hand essen möchte: Ein paar Tische und Barstühle gibt's auch.

➔ UNA GRILL

Bornheim | Mo–Sa 11–22 Uhr | Mainkurstr. 14 | Tel. 069 49 69 82

SO LONG, AND THANKS FOR ALL THE FISH

Alims Imbiss ist einfach Kult! Die Fischgerichte sind nicht nur günstig und schnell zubereitet, sondern auch bekömmlich und lecker. Besonderer Service: Einfach INSIDER TIPP im benachbarten Supermarkt den Wunschfisch aussuchen und gegen einen kleinen Aufpreis frisch zubereiten lassen.

➔ ALIMS FISCHIMBISS

Bahnhofsviertel | www.facebook.com/alimsfischimbiss | tgl. 10–22 Uhr | Münchener Str. 35 | Tel. 069 27 13 46 90

FEURIGER SPANIER

Wenn doch jeder Frauenheld so gut kochen könnte! Leckere Tapas, gedimmtes Licht – eine schön schummrige Atmosphäre für Don Juan und alle, die sich von seinen Kochkünsten überzeugen lassen möchten. Die kleinen Happen wie Tortilla, Chorizo und Hackfleischbällchen schmecken verführerisch, der Wein auch. Aber aufpassen: Sie haben noch Anschlusspläne, nicht hier hängenbleiben …

➔ DON JUAN

City | don-juan-ffm.de | Mo–Sa 18–1 Uhr | Fahrgasse 15 | Tel. 069 20 97 69 99

Basis-lager
Wir sehen uns im Fletcher's Better Burger

KREATIV GESTAPELT

Die hauseigenen Burgerkreationen gehören zu den beliebtesten der Stadt, zu Recht. Extras wie karamellisierte Zwiebeln sind übrigens gratis. Auch Pommes oder Salat schmecken prima, dazu gibt's eine hervorragende hausgemachte Minz-Limo. Und wer sagt denn, dass zum Burger nur Bier oder Softdrinks passen? Bei Jamy's Burger jedenfalls kann man sich auch einen INSIDER TIPP guten Hauswein einschenken lassen. Und damit den Ausgehabend schon hier stilecht einläuten.

JAMY'S BURGER

City | jamysburger.de | So–Do 12–22, Fr, Sa 12–23 Uhr | Neue Kräme 14 | Tel. 069 66 36 83 93
Ostend | Oskar-von-Miller-Str. 1

DER BURGER FÜR ALLE FÄLLE

Alles frisch und von regionalen Erzeugern: Das Fleisch kommt vom Metzger des Vertrauens, auf Tiefkühlware wird verzichtet, Saucen und Toppings sind ohne Geschmacksverstärker. Lieber Low-Carb? Auch kein Problem: Verschiedene Varianten und sogar kohlenhydratfreie Burger bieten das passende Exemplar für jeden Gaumen. Zum fleischlosen Vergnügen locken diverse Veggie-Falafel-Burger. Quasi jährlich eröffnet eine neue Dependance – Ende noch nicht in Sicht!

FLETCHER'S BETTER BURGER

City | www.fletchers-betterburger.de | So–Do 11.30–22, Fr, Sa 12–23 Uhr | Münchener Str. 11 | Tel. 069 24 00 75 58
City | Mo–Mi 11.30–22, Do, Fr 11.30–23, Sa 12–23, So 12–22 Uhr | Katharinenpforte 6 | Tel. 069 29 80 26 63
Bockenheim | Mo–Fr 11–21, Sa, So 12–21 Uhr | Ohmstr. 57 | Tel. 069 78 07 95 14

HIER BACKT DER SMILEY HÖCHSTPERSÖNLICH

Oahhh, wie niedlich! Wer gar nicht genug Emojis im Alltag haben kann, der wird an diesem Ort glücklich: Herzstück der Pizzeria Montana ist ein quietschgelber Pizzaofen mit fröhlich grinsendem Gesicht. Hier trifft man sich vor dem Streifzug durchs Bahnhofsviertel – bei Pizza mit wirklich ordentlichem Teig und schön simplem, erstklassigem Belag.

➔ **PIZZERIA MONTANA**

City | pizzeria-montana.de | So–Di 11.30–22, Mi–Sa 11.30–23 Uhr | Weserstr. 14 | Tel. 069 26 48 67 14

KLAUSE MIT CHARAKTER

Noch was vor in der Innenstadt? Und ordentlich Hunger auf Grie' Soß und Ebbelwoi? Kein Problem: Apfelwein Klaus serviert am Rande der City die beliebte Frankfurter Küche mit allen obligatorischen Klassikern. Die Preise für Schnitzel und Co liegen innenstadt-typisch ein paar Euro über manch anderen Lokalen, aber der urige Gewölbekeller und die ausgehfeine Lage machen das locker wett. Schmecken tut's natürlich auch!

➔ **APFELWEIN KLAUS**

City | apfelweinklaus.de | Mo–Fr 11.30–14.30, 17–0, Sa 17–0 Uhr | Kaiserhofstr. 18–20 | Tel. 069 21 93 96 67

GEFÄHRLICH GUT

Mhhh, Pastrami! Für die Spezialität der jüdischen Küche muss man nun nicht mehr bis nach New York in Katz's Deli reisen. Das aufwendig gepökelte und marinierte Rindfleisch kam Ende des 19. Jhs. mit rumänischen Einwanderern in die USA. Die Ardinast-Brüder David und James haben dieses kulinarische Highlight nun nach Frankfurt gebracht, in ihr nach einem amerikanisch-jüdischen Mafioso benanntes Lokal. Anfangs war es ratzfatz ausverkauft, heute hat man für genügend Vorrat gesorgt.

➔ **MAXIE EISEN**

Bahnhofsviertel | maxieeisen.com | Restaurant: Mo–Mi 11.30–23, Do–Sa 11.30–24; Bar: Mo–Mi 18–1, Do–Sa 18–2 Uhr | Münchener Str. 18 | Tel. 069 76 75 83 62

1001 HIPPE GERICHTE

Orientküche vollkommen lässig. Die ehemalige Multibar versteht sich heute als Bar-Restaurant-Café (also immer noch multi und auch kulti) und gehört weiterhin zu den beliebtesten Adressen im Bahnhofsviertel. Der Klassiker des Hauses und perfekt für alle, die vor dem Feiern eher Häppchen mögen: die INSIDER TIPP Freestyle-Platte mit gemischten Kleinigkeiten wie Pita, Hummus, Köfte und Gurken-Minz-Dip.

➔ **CHEZ IMA**

Bahnhofsviertel | imaworld.de | Mo–Mi 7–10.30, 11.30–15, 18–22.30, Do, Fr 7–10.30, 11.30–15, 18–23 Uhr, Sa 7.30–15, 18–23 Uhr, So 7.30–12, 18–22.30 Uhr | Niddastr. 58 | Tel. 069 2 56 67 72 80

Zünftig stärken

Alle Mann zu Apfelwein Klaus

VORGLÜHEN

Anlauf nehmen für die Nacht

WO ALTMODISCH IN IST

Nostalgische Stehlampen, Stummfilm-Screenings und aus den Boxen schallt der Swing: Die Bar im Sachsenhäuser Kneipenviertel steht ganz im Zeichen der 1920er-Jahre. Neben den alkoholischen Klassikern gibt es eine kurze, knackige Cocktailkarte und – ganz old fashioned – verschiedene Absinthsorten. Damit sich nicht nur Retro-Fans wohlfühlen, wechselt die Musikfarbe auch mal zu Elektro-Swing oder Funk.

➔ OLD FASHIONED

Sachsenhausen | facebook.com/oldfashionedfrankfurt | Mo–Do 20–2, Fr, Sa 20–4 Uhr | Klappergasse 35–39 | Tel. 069 66 16 13 79

Heiße Glut für die Shisha im Gatsby

WIR SIND DIE GUTEN!

Für den Ausgehabend mal wieder 'ne Menge vorgenommen? Warum dann nicht direkt beim Vorglühen zwei Fliegen mit einer Klatsche schlagen bei einem Abstecher zu den Good Guys, die im Frühjahr 2017 im Bahnhofsviertel eröffnet haben. Hier drehen sich die Gedanken nach Anblick der Karte um Bier und Gin, und auf dem Grill wird der leckere Burger als Grundlage für einen gelungenen Abend gefühlt doppelt so schnell fertig und der Abendplanung steht nun wirklich gar nichts mehr im Weg

GOOD GUYS

Bahnhofsviertel | www.goodguysffm.de | Mo–So 11–23 Uhr | Kaiserstr. 56 | Tel. 069 27 24 60 27

MAINHATTAN PUR!

Wer vor dieser Himmelspforte steht, muss sich nicht lang mit Klopfen aufhalten. Die Bar des Gibson Clubs ist ganz hervorragend für einen ersten besonderen Drink geeignet, wenn es danach weiter zum Abfeiern in die City geht. Auf der Karte stehen Cocktail-Innovationen mit kreativen Namen wie ›Genius & Madness‹ oder ›The Frankfurt Spice Trade‹ und passen damit zur New-York-Atmosphäre der 1920er-Jahre, die das Pearly Gates so herrlich verströmt.

PEARLY GATES

City | www.pg–bar.de | Di–Do 17–1, Fr 17–2, Sa 19–2 Uhr | Kleine Hochstr. 20 | Tel. 069 96 86 96 83

GIN OHNE TONIC?

Probleme, Entscheidungen zu treffen? Die sollten Sie sich im Chaplin besser abgewöhnen! Immerhin stehen hier über 60 Whiskey- und mehr als 100 Gin-Sorten zur Auswahl. Dazu eine fast ebenso gigantische Liste an Tonic-Sorten, die jedem Gin noch mal eine eigene Note geben. Wer nach langem Studieren der Karte nicht fündig wird, muss aber nicht in Panik geraten. Die Spezialisten an der Bar können Sie mit geschickten Fragen zum Traumdrink deuten. Oder probieren Sie doch einfach den INSIDER TIPP Gin des Monats!

CHAPLIN

Bornheim | www.chaplinbar-frankfurt.com | Mo–Do 17–2, Fr, Sa 17–3, So 17–1 Uhr | Berger Str. 247 | Tel. 069 48 44 37 68

ZUM COCKTAIL 'NE SHISHA

Sie wollten immer schon mal Party machen wie F. Scott Fitzgeralds berühmteste Roman- und Filmfigur, der große Gatsby? Na dann, nix wie rein in den feinen Zwirn und ab in die Töngesgasse, wo die nach ihm benannte Bar das nötige Flair dafür schafft. Die feine 20er-Jahre-Einrichtung passt zur Smoking-Bar, in der Sie sogar stilecht Shisha rauchen können. An den Wochenenden legen unterschiedliche Djs auf.

GATSBY

City | facebook.com/gatsby.frankfurt | So–Do 15.30–1, Fr, Sa 15.30–2 Uhr | Töngesgasse 7 | Tel. 0157 71 45 02 17

ALLES, BLOSS NICHT MONOCHROM

Bunt sind hier nicht nur die Cocktails, sondern vor allem auch die liebevolle Einrichtung, die die Bar auf der Berger Straße zu etwas ganz Besonderem machen. Während über Ihrem Kopf die Diskokugel kreist und Sie schon mal in Partystimmung bringt, mixen die Barleute Ihnen fruchtige Mules, traditionelle Old Fashioneds oder einen kreativen Lavendel Gimlet aus Gin, Lavendel und Limettensaft.

➔ BUNT.

Bornheim | facebook.com/bunt.berger | Di–Do 19–1, Fr, Sa 19–3 Uhr | Berger Str. 252 | Tel. 069 98 66 80 06

ZURÜCK IN DIE 60ER

Die Realität macht mal wieder, was sie will, und der Geldbeutel fürs ganz große Ausgehen ist auch nicht mehr so prall gefüllt, wie Sie es gerne hätten. Dann drücken Sie jetzt ganz fest auf den Fantasieknopf, verlassen die Gegenwart und reisen ins Frankfurt der 1960er-Jahre. Original zu erleben im Mampf, wo zu den Stammgästen heute noch Menschen zählen, die schon vor 50 Jahren die Theke bevölkerten. Dort geht's um Politik, Erinnerungen und natürlich den Jazz, der hier ganz oben auf dem Programm steht. Fast an jedem Wochentag gibt's Livemusik im Rahmen unterschiedlicher Jam-Sessions.

➔ MAMPF

Bornheim | www.mampf-jazz.de | So–Do 18–1, Fr, Sa 18–2 Uhr | Sandweg 64 | Tel. 069 44 86 74

HOCH HINAUS

Um dem Abend von Anfang an die richtige Leichtigkeit zu verleihen, hilft ein guter Drink in angemessener Höhe: In der 22. Etage des Eurotheums untergebracht, ist die Lounge wohl die höchstgelegene in Frankfurt – und die Aussicht durch die Panoramafenster auf die Skyline atemberaubend. Ein Pianospieler untermalt die exklusive Atmosphäre mit Livemusik, dazu werden ähnlich beeindruckende Cocktails serviert.

➔ 22ND LOUNGE & BAR

Bahnhofsviertel | www.melia.com/de/hotels/deutschland/frankfurt/innside-frankfurt-eurotheum/restaurants.html | So–Do 18–1, Fr, Sa 18–3 Uhr | Neue Mainzer Str. 66–68 | Tel. 069 21 08 80

RETRO AUS PASSION

Nein, nein und noch mals nein! Der Name der Roten Bar hat so gar nichts mit dem zweifelhaften Ruf zu tun, den unser schönes Frankfurt im Rest der Republik genießt. Stattdessen gibt's hier Retro-Chic aus den 1940ern, im Mittelpunkt der stilvollen Bar mit ihren kreativen Cocktails steht ein Porträt der in Frankfurt geborenen Tänzerin La Jana. Und der Mainblick, wenn's dann ans Weiterziehen geht, ist von hier aus einfach unbezahlbar!

➔ ROTE BAR

City | www.rotebar.com | So–Do 21–1, Fr, Sa 21–2 Uhr | Mainkai 7 | Tel. 069 29 35 33

CLUB-HOPPING

Lass sie raus, die Dancing Queen

IN 0 KOMMA NIX ZUR LEGENDE

So ungewöhnlich kann eine Kombination gar nicht sein, dass die Macher des Legends daraus keinen vollen Erfolg basteln könnten. Die Bar in der Innenstadt ist Café, Club, Tattoo- und Piercingstudio sowie Barbershop und Musiclounge mit Livemusik – je nach Tages- oder Nachtzeit und Programm. Genauso vielfältig wie die Nutzungsmöglichkeiten sind auch die Musikrichtungen.

THE LEGENDS

City | www.thelegends-ffm.de | Öffnungszeiten und Eintritt je nach Programm | Stephanstr. 1 | Tel. 069 65 00 67 00

PERFEKTION IM SAMTGEWAND

Frankfurts größte Diskokugel und Spiegelwand, eine Tanzfläche mit beleuchtetem Boden, verschiedene Sitzebenen, abgetrennte Bar- und Loungebereiche und alles in eleganten Braun- und Grüntönen gehalten: Fast nicht zu glauben, dass die Partycrowd hier im ehemaligen Olympia-Kino feiert. Am Freitag tanzt zur House-Musik eher junges Publikum – natürlich, passend zum Ambiente, absolut durchgestylt.

VELVET

City | www.velvet-ffm.de | Mi, Fr, Sa ab 22 Uhr | Eintritt ab 10 Euro | Weißfrauenstr. 12–16 | Tel. 069 2 57 80 95 10

Dünne Luft

High in der 22nd Lounge & Bar

AYE AYE, CAPTAIN!

Gute Musik, geniales Ambiente und huiiiii – wie schön es immer schaukelt! Seit Frühjahr 2016 ist der Yachtklub zurück in den bewährten Händen von Nachtleben-Papst Hans Romanov. Das Boot am Fuß der Alten Brücke hat er dafür frisch herausgeputzt. Das i-Tüpfelchen ist das Elbe-Flussbad: Lassen Sie auf dieser zweiten Terrasse die Füße im Main baumeln und schauen den Wassersportlern beim Anlegen zu.

YACHTKLUB

Sachsenhausen | www.yachtklub.org | bei schönem Wetter So–Do 11–24, Fr, Sa 11–3.45 Uhr, sonst je nach Programm | bis 22 Uhr Eintritt frei, danach 5 Euro | Tiefkai ggü.. Deutschherrnufer 12 | Tel. 0176 65 56 85 21

NIX MEHR KLEINER BRUDER

Früher ein Anhängsel des großen Bruders Batschkapp, hat sich der Elfer Music Club unter der Regie von Wolf Heilig und Thomas Winterscheid von seinem Ruf als ewig Zweiter gelöst. Das Programm mit Konzerten und DJ-Musik kann sich wirklich sehen lassen: Es reicht von Alternative und Rock über Oldies, Elektro und Old School bis hin zu Hip-Hop, Nu Jazz, Swing und Chillout.

ELFER

Sachsenhausen | www.11er.de | Öffnungszeiten je nach Veranstaltung | Eintritt ab 4 Euro | Klappergasse 5–7 | Tel. 069 21 99 05 70

... AND THE MUSIC GOES ON

Für richtige Frankfurter ist der kleine Innenstadt-Club auch fünf Jahre nach seiner Neueröffnung noch unter dem Namen Sinkkasten abgespeichert. Wenig verwunderlich, nachdem hier jahrzehntelang Musikgeschichte geschrieben wurde. Aber auch als Zoom weiß das Musiklokal noch immer mit Livekonzerten und Themennächten zu begeistern. Zu den beliebtesten festen Terminen gehört die Partyreihe ›Hit Happens‹ mit einem Best-of aus Rock, Classic Hip-Hop und Indiedance.

ZOOM

City | www.zoomfrankfurt.de | Öffnungszeiten je nach Veranstaltung, Sa ›Hit Happens‹ ab 23 Uhr | Brönnerstr. 5–9 | Tel. 069 69 71 30 05

Swingen erlaubt

Dann bewegt sich der Yachtklub

RICHTIG PARTY MACHEN

Der Club von Rusbeh Toussi hat einiges zu bieten: Auf drei geräumige Etagen verteilen sich zwei Tanzflächen und vier Bars, ausgestattet mit hochwertigem Interieur, designtechnisch irgendwo zwischen spacig und elegant angesiedelt. Auf der INSIDER TIPP Dachterrasse des Adlib genießen die Besucher darüber hinaus die sensationelle Aussicht auf die Stadt. All das zieht die Jeunesse dorée von Frankfurt geradezu magisch an.

ADLIB

Ostend | www.adlib-ffm.de | Fr, Sa 22–5 Uhr | Eintritt 5–10 Euro | Schwedlerstr. 8 | Tel. 069 2 57 80 95 27

TANZEN IM ELEKTRO-TUNNEL

Spät feiern gehen und dafür bis zum Sonnenaufgang tanzen ist genau ihr Ding? Dann sind Sie richtig im 2016 eröffneten hippen Club direkt hinterm Ostbahnhof. Das Röderberg bezeichnet sich selbst als Raum für Subkultur, Kreatives und Musik und zieht damit ein bunt gemischtes Publikum an. Neben dem größtenteils elektronischen Musikprogramm ist vor allem die Location selbst einen Besuch wert. Der Club ist beheimatet in den Röhren des Tunnelsystems der ehemaligen Röderberg-Brauerei.

RÖDERBERG

Ostend | facebook.com/roederberg | Fr 0–8, Sa 0–10 Uhr | Ostpark-str. 25 | Tel. 069 66 37 26 97

KOMM, WIR BACKEN UNS 'NE BAND

Früher wurde hier Brot gebacken, heute entsteht hier für Musikliebhaber der Stoff, aus dem die Träume sind. Frisch aus dem Kulturofen zaubern die Veranstalter hier regelmäßig Newcomer und wahre Perlen sämtlicher Genres auf die Bühnen und in die gemütlichen Räume der Brotfabrik. Egal ob Weltmusik, Folk oder Indie-Rock – die Bands, die das selbst verwaltete Kulturzentrum nach Frankfurt holt, sind meist ungehobene Schätze oder zumindest lohnende Neuentdeckungen.

BROTFABRIK

Hausen | www.brotfabrik.info | Programm und Eintrittspreise auf der Website | Bachmannstr. 2–4 | Tel. 069 24 79 08 00

PLATTFORM FÜR FEIERWÜTIGE

Mit seinem bunten Programm gehört das Dough House derzeit nicht nur zu den beliebtesten Locations für aufstrebende Künstler, sondern auch zu den In-Adressen für Frankfurts Partycrowd. Derzeit unterhält das Haus mit drei Events im Monat seine Gäste (von House bis Urban) und zeigt sich flexibel – die Etagen werden nebenbei für kleine Konzerte, Foto- und Urban-Art-Ausstellungen, Shootings und andere Kreativ-Veranstaltungen genutzt. Im ersten Stock lädt eine orientalische Sandwichbar zum kulinarischen Experimentieren ein.

DOUGH HOUSE

Sachsenhausen | www.dough house.de | Fr, Sa ab 22 Uhr | Eintritt je nach Veranstaltung | Kleine Rittergasse 21 | Tel. 0151 64 30 29 96

WO BITTE GEHT'S NACH FECHENHEIM?

Ja, Sie haben richtig gehört: Fechenheim! Schließen Sie sich dem Strom an und folgen der Partygemeinde in die äußere Umlaufbahn. Internationale Acts und massenkompatible Musik locken in die spektakulären Clubräume des Moon 13. In fünf verschiedenen Bereichen können Sie zu Elektro, Ibiza-House, Mixed-Music oder Urban-Beats abtanzen. In den Bars gibt es Burger und Sandwiches für den Hunger zwischendurch.

MOON 13

Fechenheim | www.moon13.de | Do–Sa 22–6 Uhr | Eintritt ab 5 Euro | Carl-Benz-Str. 21 | Tel. 069 87 20 00 13

RAUBKATZE IM PAVILLON

Ein Anziehungspunkt seit rund 200 Jahren: Der Bethmannsche Pavillon wurde 1808 erbaut und diente einst als Ausstellungshalle für »Ariadne auf dem Panther« von Johann Heinrich von Dannecker, heute im Liebighaus zu bewundern. In den letzten Jahrzehnten avancierte die stilvolle weiße Villa mit Garten zur beliebten Clublocation mit mehreren Bars auf zwei Ebenen. Seit 2016 trägt der Pavillon-Club den Namen Le Panther und hat sich damit vor allem für House- und Soul-Partys stadtweit einen Ruf erworben.

LE PANTHER

City | www.lepanther.club | meist Fr, Sa 22–3 Uhr | Programm und Eintrittspreise auf der Website | Seilerstr. 34 | Tel. 069 28 50 55

AB INS BETT!

Die Zeiten, in denen Sie nicht ins Bett wollten, sind mit diesem Livemusik-Club aber sowas von vorbei. Gelegen im Herzen des Gallus gilt das Bett immer noch als einer der Exoten am Nachtlebenhimmel, zaubert aber immer wieder großartige Programmpunkte aus der Nachtmütze. Hier stehen fast täglich Live-Acts auf der Bühne und beweisen dabei die große Bandbreite des Clubs. Fürs Publikum gehen Hip-Hop und Electro genauso wie Hardcore-Punk und Ska.

DAS BETT

Gallus | www.bett-club.de | meist Mi, Fr–So ab 21.30 Uhr | Eintritt je nach Veranstaltung | Schmidtstr. 12 | Tel. 069 60 62 98 73

WO DIE JAZZLEGENDEN GEISTERN

Louis Armstrong hat den ältesten Jazzclub Europas schon besucht, und Albert Mangelsdorff gründete hier sein berühmtes Quintett. Heute erinnern Fotos an die alten Zeiten, aber die Passion für den Jazz und seine musikalischen Ableger ist geblieben. Einmal in der Woche (mittwochs) stehen junge Jazzer auf der kleinen Bühne, aber auch sonst spielen INSIDER TIPP Newcomer und etablierte Musiker Seite an Seite. Freitags legen DJs zur ›Swingin'-Latin-Funky Dancenite‹ auf.

JAZZKELLER

City | www.jazzkeller.com | Öffnungszeiten und Eintritt je nach Veranstaltung | Kleine Bockenheimer Str. 18a | Tel. 069 28 85 37

ROCKEN IM GEWÖLBEKELLER

Sie haben um 4 Uhr morgens noch nicht genug? Dann nichts wie ab mit Ihnen ins Cave. Doch Vorsicht: Im Gewölbekeller ist es ziemlich düster. Freitags und samstags geht es erst spät los, dafür feiern die Cave-People dann zu Alternative, Punk und Metal bis in die Morgenstunden. Zu empfehlen sind Themennächte wie die ›Tarantinoparty‹.

CAVE

City | www.the-cave.de | Mo gelegentlich Liveprogramm, Di, Do–Sa ab 22 Uhr | Eintritt 5 Euro | Brönnerstr. 11 | kein Tel.

In freier Wildbahn

Abtanzen: lässig, aber mit Stil

DAS LEBEN IST DOCH EIN …

… Ponyhof! Zumindest, wenn man einmal die Gelegenheit genutzt hat, im Sachsenhäuser Rockclub die Nacht zum Tag zu machen. Der Kater am Folgemorgen: zweitrangig! Neben Live-Bands treten hier Djs im Rahmen der verschiedensten Themenpartys auf. Wer am liebsten zu Pop, Rock und Indie tanzt und die meisten anderen Adressen viel zu elektronisch findet, wird hier früher oder später einmal landen.

PONYHOF

Sachsenhausen | www.ponyhof-club.de | Öffnungszeiten je nach Veranstaltung | Eintritt ab 5 Euro | Klappergasse 16 | Tel. 069 97 76 74 08

EINMAL DURCHTANZEN, BITTE!

Ein bisschen weniger Disko als der Name Travolta verspricht, dafür spezialisiert auf Hip-Hop, House und Soul ist dieser Innenstadtclub. Mit 4000 Gästen pro Monat ist die klassische Disko mit mehreren Tanzflächen und gemütlichen Tischen eine der meist frequentierten Highlights im Nachtleben.

TRAVOLTA

City | www.club-travolta.de | Do–Sa ab 23 Uhr | Eintritt 10 Euro inkl. Getränkegutschein | Brönnerstr. 17 | Tel. 069 21 65 79 00

Mädels-tour

Mit Prosecco und Stilettos durch die Nacht

Wie könnte der perfekte Mädelsabend besser beginnen als mit einem neuen Outfit? Ab ins Peggy Sue, wo Sie zu den bunten Kleidern aus den 50ern und 60ern auch gleich den passenden Petticoat kaufen können. Die bequemen schwarzen Pumps, die zu allem passen, haben Sie sicher dabei, oder?

1 PEGGY SUE

Sachsenhausen | www.peggysuefrankfurt.de | Di–Fr 11–19, Sa 11–17 Uhr | Wallstr. 20 | Tel. 069 90 43 72 23

16.30 UHR

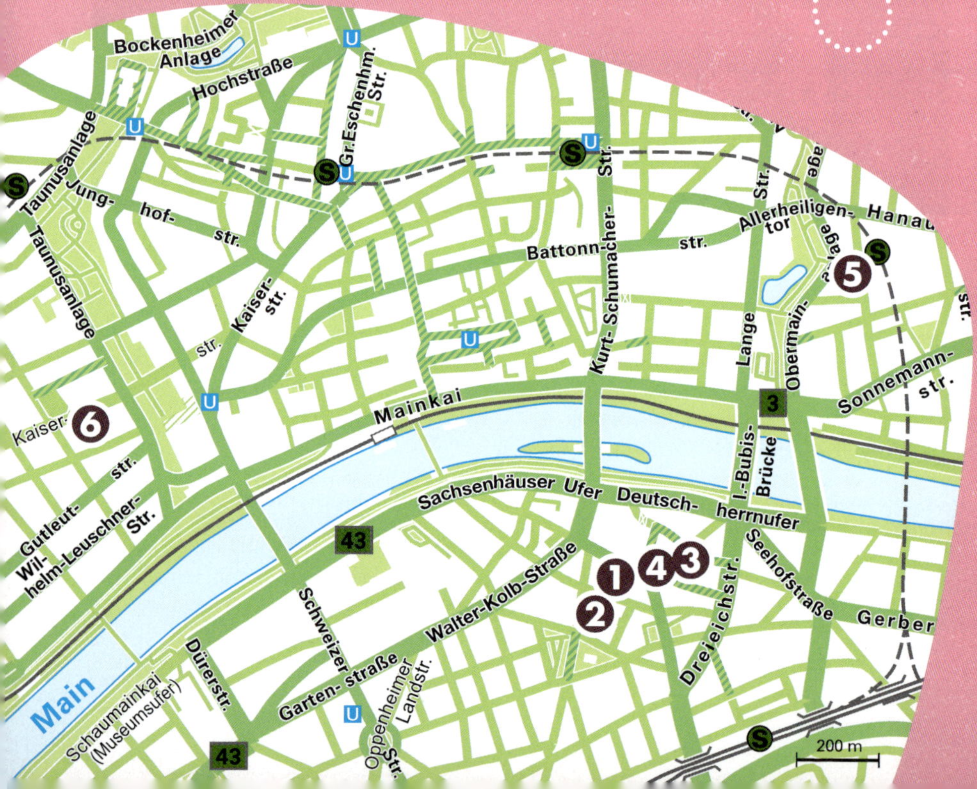

Nun geht's ans Durchtelefonieren der Sachsenhäuser Freunde, die Ihre alten Klamotten über Nacht aufbewahren. Danach ist eine Stärkung fällig … Überqueren Sie einfach die Straße und suchen sich den gemütlichsten Platz im Weinbistrot Lobster. Die französischen Spezialitäten sind hier garantiert nach Originalrezept zubereitet.

❷ LOBSTER

Sachsenhausen | www.lobster-weinbistrot.de | Mo–Sa 18–1 Uhr | Wallstr. 21 | Tel. 069 61 29 20

18.00 UHR

Jetzt auf nach Alt-Sachsenhausen! Hier finden Sie zu dieser Zeit im Anglo Irish sicher noch ein Plätzchen an einem der zum Tisch umfunktionierten Bierfässer und können gleich mal testen, was vom Schulenglisch noch übrig geblieben ist: »Could you get us some Guinness, please?«

❸ ANGLO IRISH

Sachsenhausen | www.angloirish.de | Mo–Fr ab 18, Sa, So ab 14 Uhr | Kleine Rittergasse 1 | Tel. 069 61 10 41

19.30 UHR

Alles in Ruhe bequatscht, was so passiert ist? Okay, nun kann's also losgehen mit dem Eintauchen ins richtige Nachtleben. Ebenfalls in Frankfurts Ausgehviertel Nummer eins wartet die Karaoke-Bar Voices auf Sie. Hier gibt's die ersten Cocktails und mindestens einmal eine Gruppenversion von »Wannabe«!

❹ VOICES

Sachsenhausen | www.voices-club.com | Fr, Sa (im Sommer auch Mi, Do) ab 20 Uhr | Kleine Rittergasse 14–20 | Tel. 0162 7 21 97 36

21.30 UHR

Die obligatorischen Junggesellenabschiede in den Gassen von Alt-Sachsenhausen werden Ihnen nun entschieden zu anstrengend! Mit der S-Bahn gelingt die Flucht Richtung Innenstadt, an der Ostendstraße aussteigen für einen Abstecher in eine echte Cocktailbar, bei einem Mädelsabend unverzichtbar.

❺ TRINKHALLE

Ostend | www.trinkhalle-frankfurt.de | Di–Do 18–1, Fr, Sa 18–2 Uhr | Obermainanlage 24 | Tel. 0177 5 53 33 23

23.00 UHR

War lecker, ne? Dann geht's jetzt zurück in die S-Bahn und wirklich mitten rein ins Citytreiben bis zum Hauptbahnhof. Im Orange Peel stehen Funk und Rock'n'Roll bis zum Abwinken auf dem Programm. Das bringt Ihr neues Outfit voll zur Geltung. Also: tief durchatmen und tanzen, bis die Puste ausgeht!

❻ ORANGE PEEL

City | www.orange-peel.de | Programm, Öffnungszeiten und Preise auf der Website | Kaiserstr. 39 | Tel. 0176 63 72 96 29

24.00 UHR

Betrunken in Spelunken

Dunkle Theken statt Disko-theken

Was ist die Woche über passiert? Wie haben die Lieblingsmannschaften gespielt? Warum sehen alle Wohnzimmer mal wieder so schlimm aus, dass man sich auswärts treffen muss? Bei den ersten Paar Bierchen und Schöppchen in dieser urigen Kneipe haben Sie genügend Ruhe, um sich in gemütlicher Runde auszutauschen.

1 BERNEMER FASS

Bornheim | www.bernemer-fass.de | Mo–Sa 16–0 Uhr | Ringelstr. 23 | Tel. 069 43 31 92

18.30 UHR

Bevor es an die Mainüberquerung geht, ist aber dringend noch eine Stärkung mit Wegbier und Snacks fällig. Dafür empfiehlt sich gerade in Bornheim eine Stippvisite im Kiosk 45, wo mit knapp 500 Biersorten der Frankfurter Trinkhallen-Rekord gehalten wird. Lieblingssorte gefunden? Dann kann's ja jetzt weitergehen!

❷ KIOSK 45

Bornheim | www.kiosk45.com | tgl. 11.30–1 Uhr | Wiesenstr. 45 | Tel. 069 46 99 20 95

20.00 UHR

Mit der U-Bahn geht's ab Bornheim Mitte Richtung Römer und von hier aus zu Fuß über den Eisernen Steg nach Dribbdebach in den Dreikönigskeller, eine Mischung aus Bar, Eventlocation und Musikkneipe. Unterm düsteren Kellergewölbe macht die laute Musik aus den verschiedensten Färbungen des Rock besonders viel Spaß.

❸ DREIKÖNIGSKELLER

Sachsenhausen | www.dreikoenigskeller.eu | Mi, Do 20–24, Fr, Sa 21–3 Uhr | Färberstr. 71 | Tel. 069 42 60 27 86

21.00 UHR

Kaum überm Mainspiegel angekommen, geht's nach einem kurzen Spaziergang direkt wieder die nächste Treppe runter ins Speak Easy, wo Hardrock und Heavy Metal die dröhnenden Boxen regieren und die verqualmte Luft Tränen in die Augen jagt. Dafür gibt's verschiedene Räume mit Sitzgelegenheiten und Spielautomaten. Lust auf 'ne Runde Flippern?

❹ SPEAK EASY

Sachsenhausen | www.speak-easy.de | Di–Do 19–1, Fr, Sa 19–3 Uhr Uhr | Große Rittergasse 42 | Tel. 069 61 80 75

23.30 UHR

Mit knurrendem Magen macht selbst die Partynacht in Alt-Sax nur noch bedingt Spaß. Darum geht es vom Lokalbahnhof aus Richtung Hauptbahnhof, wo mitten im Rotlichtviertel eine der besten Currywürste auf Späthungrige wartet, praktischerweise ganz in der Nähe Ihres letzten Ziels. Bei der Kreation der Sauce half ein Sternekoch.

❺ TAUNUS 25

Bahnhofsviertel | facebook.com/currywursttaunus25 | Mo–Mi 11.30–0, Do 11.30–4, Fr 11.30–6, Sa 13–6 Uhr | Taunusstr. 25 | Tel. 069 46 09 08 58

1.00 UHR

Bereit für Frankfurts Kult-Spelunke mitten im Bahnhofsviertel? Na, dann mal hereinspaziert ins Moseleck, wo jeder Frankfurter Nachtschwärmer mindestens einmal gewesen sein sollte. Die urige Kneipe beheimatet eine bunte Mischung vom Rocker bis zum Hipster.

❻ MOSELECK

Bahnhofsviertel | www.moseleck-ffm.de | tgl. 6–4 Uhr | Moselstr. 21 | Tel. 069 23 66 40

1.30 UHR

Beats, Bass, Besser

Hier gibt's was auf die Ohren

Musik und leckeres Essen? Genau die Kombination, die Sie brauchen, um frisch in Ihren rhythmusbetonten Abend zu starten. Die erste Adresse ihrer Tour ist deshalb das Jazzlokal Mampf (S. 36). Hier kommt die Musik um diese Zeit zwar noch aus den Boxen, untermalt die Hausmannskost, die hier auf den Tisch kommt, aber nicht weniger gut.

1 MAMPF

Bornheim | www.mampf-jazz.de | So–Do 18–1, Fr, Sa 18–2 Uhr | Sandweg 64 | Tel. 069 44 86 74

18.00 UHR

Genug gestärkt? Dann kann's ja jetzt so richtig losgehen. Zu Fuß oder mit den Öffentlichen kommen Sie ins Nordend, wo im Feinstaub (S. 25) seit über zehn Jahren alternative Musik die Hauptrolle spielt. Auf dem Programm stehen Indie, Punk oder Funk & Soul, die hier auch live und handgemacht gespielt werden.

❷ FEINSTAUB

Nordend | www.feinstaub.rocks | tgl. 19–2 Uhr | Friedberger Landstr. 131 | Tel. 069 20 01 86 66

19.30 UHR

Es darf gern weiter rocken? Na dann, auf in die Tram- oder S-Bahn Richtung Alt-Sachsenhausen. Im Spritzehaus steht die Creme de la Creme lokaler Bands auf der Bühne. Eine bunte Mischung aus Coversongs und Eigenem trägt bei zu der tollen Atmosphäre in dieser Traditionsperle des Nachtlebens.

❸ SPRITZEHAUS

Sachsenhausen | www.spritzehaus.de | Di 20–1.30 Fr, Sa 20–2 Uhr | weitere Termine im Programm auf der Website | Große Rittergasse 41–43 | kein Tel.

21.00 UHR

So richtig großen Hunger haben Sie ja eigentlich nicht. Aber die Nacht ist noch lang, es geht ein Stückchen weg vom Zentrum, und die Vernunft überwiegt … Teilen Sie sich einfach alle zusammen ein, zwei Pizzen zum Mitnehmen. Nirgends schmeckt der Mitternachtssnack so lecker wie auf dem Weg zum nächsten Abenteuer!

❹ PIZZA PETRO

Sachsenhausen | www.pizzapetro.de | Mo–Fr 11–3, Sa, So 12–5 Uhr | Paradiesgasse 38 | Tel. 069 61 15 76

23.15 UHR

Mit der S-Bahn zur Konsti und mit der U-Bahn weiter Richtung Gwinnerstraße. Da residiert die neue Batschkapp, die bei Ihrer Jagd nach den besten Beats der Stadt nicht fehlen darf. Fast jedes Party-Wochenende ist eine andere Dekade angesagt, die die 1976 eröffnete Rock-Oma noch persönlich erlebt hat.

❺ BATSCHKAPP

Seckbach | batschkapp.tickets.de | Programm und Öffnungszeiten auf der Website | Gwinnerstr. 5 | Tel. 069 95 21 84 10

24.00 UHR

Den Wecker haben Sie nach dieser Nacht tatsächlich gehört? Bravo, Sie sind hart im Nehmen und dürfen sich als richtigen Musikfan bezeichnen! Werfen Sie sich also wieder rein in die Klamotten und fahren Richtung Südbahnhof. Im gleichnamigen Lokal beginnt der legendäre Musikfrühschoppen mit Live-Bands aus der Region.

❻ SÜDBAHNHOF

Sachsenhausen | www.suedbahnhof.com | Programm und Öffnungszeiten auf der Website | Hedderichstr. 51 | Tel. 069 62 32 01

10.00 UHR

OHREN AUF!

Mit offenen Augen durchs Bahnhofsviertel gegangen? Dann ist Ihnen doch sicher das 2016 eröffnete OYE aufgefallen, dessen Name Sie spätestens dann dazu auffordert: Die Buchstaben stehen für »Open Your Eyes«, müssten aber eher zum Öffnen der Ohren anregen. Immerhin stehen hier an den meisten Tagen coole Beats auf dem Programm. Aber dass der Club auch was für die Augen bieten kann, hat er er bereits in zahlreichen Kooperationen mit der Schirn bewiesen, für die er als Partylocation und Galerie in einem dient.

➔ OYE

Bahnhofsviertel | facebook.com/OYE.frankfurt | Di, Mi 18–2, Do–Sa 20–4 Uhr | Taunusstr. 19 | kein Tel.

HOUSE-MUSIK IM INDUSTRIAL STYLE

Am Wochenende bringen Elektro- und Livekonzerte den alten Bau zum Kochen. Das Tanzhaus West (mit seinem Ableger Dora Brilliant) residiert in einer Industriehalle von 1923 auf dem Gelände einer ehemaligen Druckfarbenfabrik. Aber Feiern ist nicht der einzige Grund, der die Besucher hierher ins Gutleutviertel führt. Das historische Geviert wird auch von Bildhauern und Theatermachern genutzt, es gibt zudem ein Café und verschiedene Ateliers.

➔ TANZHAUS WEST/DORA BRILLIANT

Gutleutviertel | www.tanzhaus-west.de | meist Fr, Sa ab ca. 23 Uhr | Eintritt je nach Veranstaltung | Gutleutstr. 294 | kein Tel.

Einfach bleiben
Theplacetobe macht es vor

VERSACKEN

Einer geht noch!

DR. ALKOHOL

Mal wieder – wie in alten Zeiten – so richtig studentisch einen bechern gehen? Als urige Studentenkneipe mit jahrzehntelanger Tradition gilt das Doctor Flotte noch immer. Zwar sind die Gäste vis-à-vis der Bockenheimer Warte mit der Zeit gealtert und das Mobiliar in die Jahre gekommen, doch das macht bekanntlich erst den echten Charme aus. Der perfekte Ort, um nach einem Restaurantbesuch in der Gegend einen Absacker zu nehmen. Oder auch noch ein wenig länger zu bleiben.

➔ **DOCTOR FLOTTE**

Bockenheim | tgl. 9–2 Uhr | Gräfstr. 87 | Tel. 069 70 45 95

LOVE IT OR LEAVE IT

Wenn es eine Hitliste ultimativer Ort zum Versacken in Frankfurt gibt, dann wird sie von dieser verrauchten Eckkneipe angeführt. Denn die Lebensfreude, wie sie liebevoll genannt wird, hat ein Herz für Raucher und Nachtwesen. Drinnen ist es düster und schummrig, der Goldbehang abgewetzt und die Musik je nach Laune der Barkeeper. Ob man es liebt oder hasst, weiß man in Sekunden: Je nachdem, ob man den (vom Säftehersteller Rapp's abgeguckten) Namen für blanken Zynismus oder für die Wahrheit und nichts als die Wahrheit hält.

➔ **LEBENSFREUDE PUR**

Bornheim | lebensfreude-pur.com | tgl. ab 19, Sa, So ab 22 Uhr | Mainkurstr. 19 | Tel. 069 46 89 55

FÜR PLATZVERTEIDIGER

Hier oder nirgends. Ähm, ja. Namenstechnisch keine weiteren Fragen. Ob selbstironisch oder bierernst gemeint: Die Stimmung im theplacetobe gibt dem Größenwahn recht. Das lässige Ambiente und die gut gemixten Cocktails locken so viel Publikum in den kleinen Laden, dass man sich eigentlich immer quetscht und drängt. Nach der Eingewöhnung will man irgendwann aber sowieso nicht mehr weiter. Und das ist klug, denn sind Sie erst mal drin, dämmert Ihnen: So einen guten Platz gibt's so schnell nicht wieder!

➔ **THEPLACETOBE**

City | www.souper.de | Mo–Do 12–1, Fr, Sa 12–2 Uhr | Weißadlergasse 3 | Tel. 069 29 72 45 45

MACH MIR DEN »WACHOLDERBÄR«

Trinken mit Bankern: Im Sullivan findet man zahlreiche Gäste aus den umliegenden Finanzhäusern, die das umfangreiche und hochkarätige Angebot an Cocktails und Longdrinks zu schätzen wissen. Willkommen ist aber auch jeder andere – und die INSIDER TIPP Reservierung am Wochenende eigentlich immer sinnvoll. Im elegant-japanisch angehauchten Ambiente mit schummriger Beleuchtung und Billardtisch kann man wunderbar versacken. Aber mit Stil!

➔ **SULLIVAN**

City | sullivan-bar.de | Mo–Mi 17–1, Do 17–2, Fr 17–3, Sa 15–3 Uhr | Kaiserstr. 12 | Tel. 069 92 88 49 00

DAS DING FÜR ALLE FÄLLE

Die perfekte Location für alle, die eigentlich feiern wollen, aber eben doch keine Lust auf richtigen Club haben. Café, Bar, Weinschuppen, Mini-Club: Das Plank präsentiert sich als Multifunktions-Ort für alle Fälle. Das sollte aber nicht darüber hinwegtäuschen, dass hier gern auch hochkarätige Events, Medientreffen und DJ-Sets abgehalten werden, die aber eben gerade so lässig rüberkommen, als passiere das alles so zufällig nebenbei.

➔ **PLANK**

City | barplank.de | Mo–Do 11–1, Fr, Sa 11–2 Uhr | Elbestr. 15 | Tel. 069 26 95 86 66

DER GIGANTO-PUB

Laut und feuchtfröhlich kann es hier werden – und dank der ordentlichen Öffnungszeiten auch gern spät. Ob auf ein stilecht irisches Feierabendbier oder zu Spielen der Premier League: Das O'Reilly's ist ein beliebter Anlaufpunkt für, ja: fast alle. Das hat der Irish Pub vor allem seiner zentralen Lage direkt gegenüber dem Hauptbahnhof zu verdanken, wo das leuchtende Grün auch nachts kaum zu übersehen ist.

➔ **O'REILLY'S**

Bahnhofsviertel | oreillys.com | Mo–Do 12–2, Fr, Sa 11–4, So 11–0 Uhr | Am Hauptbahnhof 4 | Tel. 069 26 48 78 78

PARTYKELLER-CHARME

Um die Bestellung zu erleichtern: Cocktails gibt es hier nicht, Wein aber schon. Und bei der Bierauswahl bitte die Himmelsrichtung (Nord/Süd) angeben. Dass die Zappbar ein echtes Juwel für Kneipenfreunde ist, hat sich längst rumgesprochen – und die Abende, an denen man hier allein zwischen einer Handvoll Altrockern an der Theke sitzen kann, sind selten geworden. Dem langhaarigen Barkeeper sei's gegönnt (er ist übrigens auch der Inhaber)!

➔ **ZAPPBAR**

Nordend | zappbar.de | Mo–Sa ab 17 Uhr | Glauburgstr. 1 | Tel. 069 95 50 42 95

TYPISCH JAPANISCH

Warum nicht mal INSIDER TIPP stilvoll in einer Sake-Bar versacken? Im J'Epoca ist es vergleichsweise hell und aufgeräumt, also so ziemlich das Gegenteil zur klassischen Kaschemme. Doch trotzdem ebenso gemütlich. Anfänger kosten sich durch eine Sake-Auswahl, Kenner wählen aus der gut sortierten Karte ihre Lieblingssorte. Dazu: netter Service und leckere Kleinigkeiten – Barkultur à la Japan.

➔ J'EPOCA

Sachsenhausen | jepoca-sakabar.eu | Mo–Do 18–23 Uhr, Fr, Sa 18–1 Uhr | Fritschengäßchen 5 | Tel. 069 67 83 02 87

TRAUBEN STATT GERSTE

Wer alkoholtechnisch Wein dem Bier vorzieht, ist in diesem Traditionslokal goldrichtig: Bei der Familie Dünker gehen seit 1948 Rebsäfte über die Theke – überwiegend von deutschen Winzern, aber auch von den europäischen Nachbarn oder aus Argentinien und Chile. Und, auch das ist selten in Frankfurt: Trotz Speisekarte darf man hier kaltes INSIDER TIPP Essen selbst mitbringen. Quasi ein Biergarten, bloß mit Wein. Und am Wochenende seeehr lange geöffnet.

➔ WEIN DÜNKER

Bornheim | weinkellerei-duenker.de | Mo–Do 14–1, Fr 14–3, Sa 13–3, So 16–22 Uhr | Berger Str. 265 | Tel. 069 45 19 93

Schnaps in Schale

Wegbeamen per Nipponstyle im J'Epoca

Angriff der Falafelbälle

Vor der Spezialsauce ist im A'mir keiner sicher

LATE SNACK ATTACK

Nach dem Bier ist vor dem Döner

BESSER ALS DIE POLIZEI ERLAUBT!

Also, wenn jemand weiß, wo es nachts noch richtig leckeres Essen gibt, dann ja wohl die Polizei. Und wenn Polizeiwachen anfangen, Unterschriften zu sammeln, weil ein Imbiss aus stadtplanerischen Gründen geschlossen werden soll, muss der Ort wirklich ein ganz besonderer sein! Neben den namensgebenden Burgern, die zudem unschlagbar günstig sind, schmeckt hier auch der Döner hervorragend.

➔ HAMBURGER AM TURM

Nordend | www.hamburgeramturm.de | tgl. 12–4 Uhr | Eschenheimer Tor 4 | Tel. 069 29 02 02

DER RETTER AUS ITALIEN

Late-Night-Pasta gefällig? Dann auf ins Bistro Salvatore. Seit mehr als 40 Jahren bietet Salvatore Rimonti italienische Klassiker in all ihren Facetten und immer appetitlich zubereitet. Spaß macht bei ihm nicht nur der Blick auf den Teller, sondern auch die Aussicht auf das Mainufer.

➔ BISTRO SALVATORE

City | www.bistro-salvatore.de | Mo–Fr 17–1, Sa 17–2 Uhr | Schöne Aussicht 16 | Tel. 069 28 21 13

STÄRKUNG AUF DIE HAND

Diesen kleinen libanesischen Imbiss betrachten viele als unübertroffen in ganz Frankfurt. Außer den Teigtaschen, die mit Hähnchen- oder Kalbfleisch und der berühmten Spezialsauce gefüllt sind, bekommen Sie hier auch vegane Leckerbissen wie Falafel. Oder wie wäre es beispielsweise mit **INSIDER TIPP** *taboulé*, einem Klassiker aus gehackter Petersilie und Couscous?

➔ A'MIR

Sachsenhausen | tgl. 11–5 Uhr | Paradiesgasse 46 | Tel. 069 62 33 33

DON'T STOP THE PARTY, MATE!

Sie würden ja noch weiterfeiern, aber die Kräfte lassen nach ... Nach einem Boxenstopp kann die Party locker auch um 4 noch weitergehen – Wiederbelebung Australian Style! Salat, Burger oder doch Krokodil-Medaillons? Eine perfekte Anlaufstelle nicht nur für den späten, sondern auch für den großen Hunger: »All you can eat« steht die ganze Woche zu unterschiedlichen Zeiten auf der Karte.

YOURS AUSTRALIAN BAR

City | www.yours-bars.de | Mo–Do 11–1, Fr 11–5, Sa, So 10–5 Uhr | Rahmhofstr. 2–4 | Tel. 069 28 21 00

FLEEEEEEEIIIISCH!

Wenn einen nächtens der Heißhunger nach Döner überfällt, dann bedeutet das in der Regel genau drei Dinge: jetzt, jetzt und jetzt! Dann nehmen Sie JETZT den nächsten Nachtbus zur Konsti und gehen von da aus die Schäfergasse entlang in Richtung Nazar Kebap Haus. Hier gibt's die frisch belegten und prall gefüllten Teigtaschen am Wochenende bis 6 Uhr morgens. Die Partynacht muss so noch lange nicht beendet werden!

NAZAR KEBAP HAUS

City | Mo–Mi 10–3, Do 10–5, Fr, Sa 10–6, So 11–2 Uhr | Schäfergasse 38 | Tel. 069 92 88 28 86

WARTEN AUF DIE ERSTE U-BAHN

In Ihrem Magen rumpelt es nach der Partynacht, als wäre ein Donnerwetter ausgebrochen, und auf den Füllungsgrad Ihres Kühlschranks würden Sie gerade keine Wetten abschließen. Dann verschieben Sie die Heimfahrt doch kurzerhand noch ein Stück nach hinten und machen einen Abstecher ins Birmingham Pub am Börneplatz, wo täglich bis 5.30 Uhr Schnitzel, Burger und Pommes zubereitet werden. Und wer weiß? Vielleicht wird der Abend mit anderen Nachtschwärmern sogar noch mal nett, und Sie können statt der Nachtbus-Odyssee gleich die erste U-Bahn direkt vor die Haustür nehmen.

BIRMINGHAM PUB

City | www.birmingham-pub.com | tgl. 12–6 Uhr | Battonnstr. 50 | Tel. 069 28 74 71

Gute Laune gratis

Der einzige, der sich im Mola nicht wohlfühlt, ist Ihr Kater

KATER-FRÜHSTÜCK

Rollmops & Co machen wieder froh

FÜR HOCHSTAPLER

Die Nacht war lang, und jetzt ist es schon fast mittags? Der Kopf brummt, der Magen meldet sich … Kein Problem: Im gemütlichen Café Bohne frühstückt man fast bis zur Dämmerung. Unschlagbar ist das All-you-can-eat-Frühstücksangebot für 5,90 Euro. Dafür biegt sich der Tisch unter Brötchen, Omelettes und Pfannkuchen, soviel das Herz begehrt. An Wochenenden und Feiertagen kann man hier leider nicht reservieren.

CAFÉ BOHNE

Bornheim | cafe-bohne.info | tgl. 8–18 Uhr | Berger Str. 111 | Tel. 069 43 94 97
Ostend | Pfingstweidstr. 9b | Tel. 069 15 04 69 11
City | Braubachstr. 1 | Tel. 069 90 75 82 00

DER FRÜHSTÜCKSKLASSIKER

Seit eh und je eine Institution für Langschläfer und Verkaterte in Frankfurt, dementsprechend sind die INSIDER TIPP Frühstückszeiten: Bis sage und schreibe 18 Uhr kann man im Café Karin lecker in den Tag starten – oder das, was von jenem dann noch übrig ist. Übrigens: Statt Latte Macchiato bestellt man hier einen Kaffee Karin.

CAFÉ KARIN

City | cafekarin.de | Mo–Fr 9–21, Sa 9–19, So, Fei 10–19 Uhr | Großer Hirschgraben 28 | Tel. 069 29 52 17

TÜRKISCHE PAUSE

Wem der Sinn nach etwas Deftigem zum (Kater-)Frühstück steht, der ist in diesem Stadtteilcafé bestens aufgehoben: Neben der üblichen Frühstücksauswahl werden hier etwas später und somit zur Katerzeit auch türkische Kleinigkeiten wie die gefüllte Blätterteigschnecke mit Joghurt und Tomatensauce serviert. Im Ambiente mit Vintage-Anleihen fühlt sich die halbe Nachbarschaft wohl – schon kurz nach der Eröffnung hat sich das Mola, was im Türkischen ›Pause‹ bedeutet, zum gut besetzten Stammlokal gemausert. Ende nicht in Sicht!

MOLA

Sachsenhausen | mola-frankfurt.de | Mo–Fr 8–23, Sa, So 10–23 Uhr | Diesterwegstr. 39 | Tel. 069 15 04 66 66

Sock'n'Roll – langsam in die Gänge kommen

WOCHEN-ENDE – GAAANZ GEDIEGEN

BRUNCH'N'BREAKFAST 58
Hey, Samstagvormittag! 62
WILL MITTAGESSEN! 64
SOS, Regensonntag! 68
TORTENSCHLACHT 70
TATORT? ESSEN? 72
Landflucht. Jetzt! 76

BRUNCH'N' BREAKFAST

Raus aus den Federn, ran ans Buffet

KUNST UND KRÜMEL

Einfach nur frühstücken ist Ihnen gerade am Wochenende viel zu langweilig? Was halten Sie denn dann von einem Ausflug nach Höchst? Hier gibt's in der Wunderbar coole Kaffeekreationen, verschiedene Frühstücksbuffets und noch dazu ein besonderes Ambiente. Das Höchster Lokal ist nämlich nicht nur Bistro, Bar und Café, sondern noch dazu eine kleine Kunstgalerie, wo immer wieder wechselnde Künstler ihre Werke zum Kauf anbieten. Vielleicht hängt eines der Kunstwerke ja auch bald über Ihrem Küchentisch.

➔ WUNDERBAR

Höchst | www.cafewunderbar.de | tgl. 10–24 Uhr | Antoniterstr. 16 | Tel. 069 31 87 83

AM FRÜHSTÜCKSTISCH DIE WELT BEREISEN

Ob Sie sich beim Frühstück fühlen wollen wie in Griechenland, in den Schweizer Alpen oder an der Nordsee, hängt im Café Crumble ganz von Ihnen ab. Die Frühstückskarte gibt mit Schafskäse und Oliven, Bircher Müsli und Räucherforelle zumindest alle drei Varianten problemlos her. Dazu werden leckere Fairtrade-Kaffeesorten serviert – auch mit Soja- oder Mandelmilch – und der berühmte Fruit-Crumble, mit dem sich das kleine Bockenheimer Café seinen Namen verdient hat. Ein perfekter Start in den Samstag, den Sie nun frisch gestärkt mit einer ausgiebigen Shoppingtour auf der Leipziger Straße weiter genießen können. Sonntags ist das Café Crumble leider geschlossen.

➔ CAFÉ CRUMBLE

Bockenheim | www.cafecrumble.de | Mo–Fr 8–20, Sa 9–20 Uhr | Kiesstr. 41 | Tel. 069 58 87 38

WEIHNACHTEN UND OSTERN ZUSAMMEN

Haben Sie als Kind auch so gerne mit dem wunderschönen alten Puppenhaus aus Omas Zeiten gespielt? Das mit dem hübsch verzierten Porzellan und den niedlichen Stühlchen? Das stellen Sie sich jetzt mal in groß vor – und schon haben Sie den perfekten Ort für ein stilechtes Frühstück am heiligen Sonn- oder Feiertag gefunden. Von 10 bis 15 Uhr wird hier eine der leckersten und frischsten Frühstückstafeln Frankfurts aufgebaut. Mit diesem Trick befördert man auch Morgenmuffel zu den Sonnenstrahlen »uff die Gass«.

➔ CAFÉ MAINGOLD

City | www.cafe-maingold.de | Mo–Do 12–1, Fr, Sa 12–2, So, Fei 10–21 Uhr | Zeil 1 | Tel. 069 28 3 3 27

BURGER ZUM FRÜHSTÜCK?

Das mit dem Frühaufstehen hat nach dem Partyfreitag wieder nicht geklappt, oder? Dabei sind Sie doch mit der ganzen Clique zum gesund-veganen Frühstück verabredet. Egal, wird es halt ein Brunch! Hoffentlich ist auf den barocken Sesseln im Savory noch ein Plätzchen für Sie frei. Hier gibt es sowohl herzhaftes Frühstück mit pflanzlichem Käse und Wurstersatz als auch die süße Variante mit Nougat- und Spekulatiuscreme für Schleckermäuler. Und praktischerweise stehen auch am Vormittag schon Burger auf dem Programm. Das alles jedoch nur am Samstag!

➔ SAVORY

Rödelheim | www. savory-thevegtory.de | Di–Fr 11.30–20, Sa 11–16 Uhr | Burgfriedenstr. 2 | Tel. 069 74 22 31 60

BREAKFAST FOR STUDENTS

Spätestens mit den letzten Trümmern des gesprengten AFE-Turms hat sich das Studentenleben aus Bockenheim verabschiedet? Papperlapapp! Solange das Albatros die Stellung hält, ist noch nichts verloren. Hier gibt es jeden ersten Samstag im Monat ein Frühstücksbuffet für 9 Euro, jeden Sonntag einen All-you-can-eat-Brunch für 12 Euro und auch an allen anderen Tagen eine Frühstückskarte, die keine Wünsche offenlässt. Und das zu Langschläferzeiten und noch dazu humanen Preisen ... Wer muss da noch ins Westend?

➔ ALBATROS

Bockenheim | www.cafe-albatros.de | Mo–Sa 9–24, So 9–19 Uhr | Kiesstr. 27 | Tel. 069 7 07 27 69

EIN MORGEN FÜR DIE SINNE

Sehen, hören, riechen, schmecken – mehr Sinne kriegen Sie auf leeren Magen nicht zusammen. Dann wird's dringend Zeit für ein Frühstück! Wie wäre es passend zur unvollständigen Aufzählung mit dem 7 Sinne in Bornheim? Die bereiten neben dem klassischen süßen auch ein deftiges Bauernfrühstück und eine vegane Variante mit Gemüse, Kräuterdip und Brot zu. Na, alle sieben inzwischen zusammengereimt? Nun steht dem Wochenende also nichts mehr im Weg!

➔ 7 SINNE

Bornheim | www.7-sinne.de | tgl. 8–22 Uhr | Berger Str. 195 | Tel. 069 26 94 77 77

DURCHSTARTEN IN BORNHEIM

Gemütlicher als mit einem Ausflug auf die Berger Straße kann Ihr Wochenende eigentlich gar nicht beginnen. Und beim Schlendern über die Hauptschlagader des Lustigen Dorfs kommen Sie natürlich auch am Gingko nicht vorbei, das seit über 20 Jahren im Stadtteil Geschichte schreibt. Und sich unterwegs auch immer wieder neu erfindet. Aktuell serviert der Familienbetrieb seinen Gästen neben drei veganen Frühstücksvarianten auch Kreationen wie das Gingko-Frühstück mit Lachs, Parmaschinken, Basilikum-Frischkäse und frischem Obst.

➔ GINGKO

Bornheim | www.gingko-frankfurt.de | So–Do 9–24, Fr, Sa 9–1 Uhr | Berger Str. 81 | Tel. 069 49 12 02

IM PATERNOSTER ZUM BRUNCH

Beim Frühstück wollen Sie sich heute mal besonders fühlen? Mit Köstlichkeiten, die Sie sich sonst nicht leisten würden und einem Service, bei dem Sie sich vorkommen wie ein König – oder wenigstens wie ein C-Promi? Dann nix wie aufgestylt und rein in einen der letzten Paternoster der Stadt. Damit fahren Sie ins Restaurant des Fleming's Hotels. Hier wird jeden Sonntag von 12 bis 15 Uhr ein großes Brunchbuffet für 39 Euro aufgefahren. Mit Wok- und Grill-Spezialitäten und für Schleckermäuler einer Riesenauswahl an Kuchen und Waffeln.

➔ FLEMING'S

€€€ | City | www.flemings-hotels.com | tgl. 6–23 Uhr | Eschenheimer Tor 2 | Tel. 069 4 27 23 20

KULTUR FÜR LAU

Kunst- und Kulturfreunde merken sich den letzten Samstag im Monat vor: Dann kann man etliche Museen und Ausstellungshäuser gratis besuchen, einige bereiten spezielle Führungen und Aktionen für Kinder und Erwachsene vor. Da kann es natürlich schon einmal voll werden – aber früh aufstehen lohnt, denn morgens um 11 Uhr ist die Welt noch in Ordnung und der Workshop leer.

➔ SATOURDAY

Verschiedene Veranstaltungsorte | www.kultur-frankfurt.de/portal/de/Museen/Satourday-DasFamilienprogramm/1250/1335/0/0/3.aspx | jeden letzten Samstag im Monat | Eintritt frei

Hey, Samstag-vormittag!

Dafür lohnt's sich aufzustehen

DER FRÜHE VOGEL FÄNGT DEN WURM

Schnell los, bevor andere Ihnen die Vintage-Stiefel, seltene Sammlerausgaben oder das Stadtfahrrad wegschnappen! Für Flohmarktfreunde ist zeitiges Aufstehen am Samstag Pflicht. Abwechselnd werden die Stände am Main und am Osthafen aufgebaut. Selbst verkaufen können Sie dort natürlich auch – nach Anmeldung darf jeder mitmachen. Dann müssen Sie allerdings noch einige Stündchen früher raus …

➔ FRANKFURTER FLOHMARKT

Ostend bzw. Sachsenhausen | www.hfm-frankfurt.de/flohmaerkte.html | Sa 9–14 Uhr | Lindleystraße/Osthafen bzw. Schaumainkai

DER MMMMMHHHHARKT

Frische Leckereien sind immer eine gute Sache. Auf dem Markt im Hof aber ist die Dichte an Köstlichkeiten so hoch, dass man die süße Qual der Wahl hat: frisch gepflückte Beeren, hausgemachte Marmeladen und Chutneys, Käse, Olivenöl und Honig … und dann gibt's auch noch so viele herrliche Dinge, die man samstagsvormittags direkt vor Ort probieren kann. Äh, muss! Burger, Hummus, Gourmetwaffeln von Goose – und dazu ein Craft-Bier oder einen frisch gebrühten Kaffee. Mhhhh!

MARKT IM HOF

Sachsenhausen | marktimhof.de | Sa 10–17 Uhr | Wallstr. 9–13

KUNST OHNE WARTESCHLANGEN

Samstagvormittag ist DIE Zeit für einen Ausstellungsbesuch … denken sich viele. Zum Glück gibt es einen Ort, an dem Sie den Horden weitestgehend aus dem Weg gehen und der sich perfekt mit anderen Plänen kombinieren lässt – weil ein Besuch nicht gleich mehrere Stunden schluckt: der Portikus! Die außergewöhnliche Ausstellungshalle auf einer Mini-Insel im Main präsentiert wechselnde Künstler, die jeweils das gesamte Haus bespielen.

PORTIKUS

Sachsenhausen | portikus.de | Di, Do–So 11–18, Mi 11–20 Uhr | Eintritt frei | Maininsel, Alte Brücke 2 | Tel. 069 96 24 45 40

AUF DIE PLÄTZE, FERTIG … ENTSPANNUNG!

Erst mal den Stress der Woche abschütteln – aber bitte nicht so seicht, dass man gleich wieder einschläft? Entspannung geht auch anders: In Frankfurt gibt's eine stattliche Auswahl guter Adressen, die sich der traditionellen Thai-Massage widmen – das Chatravee gehört zu den sehr guten. Hier kann man sich ordentlich durchkneten und langziehen lassen. Der perfekte Start in ein erholsames Wochenende!

CHATRAVEE

Ostend | chatravee-thai-massage.de | Mo–Sa 10–21, So 12–21 Uhr | Massage 30 Min. ab 26 Euro | Hanauer Landstr. 86 | Tel. 069 24 14 08 08

WILL MITTAG-ESSEN!

Ein Wochenende ohne ist möglich, aber sinnlos

Sinnsuche in Indien

No problem im Eatdoori

WER HAT ANGST VOR JESSE JAMES?

Vor Bankräubern müssen im Jesse James allenfalls die Spirituosen im Tresor in Sicherheit gebracht werden! Schließlich ist es erst Mittag, und es gibt ja noch einige Stunden mit klarem Kopf zu erleben. Probieren Sie stattdessen eine der selbstgemachten Limonaden oder Eistees! Zum Essen gibt es dazu die leckeren *skewer,* Spieße mit Köstlichkeiten von Grillgemüse bis Kängurufilet. Oder ist der Hunger schon zu groß, und Sie genehmigen sich lieber einen Burger?

➔ JESSE JAMES

Ostend | www.jessejames.eu | Mo–Do 11–1, Fr, Sa 11–3, So 10–1 | Hanauer Landstr. 83 | Tel. 069 49 08 50 98

CURRYDUFT BIS AUF DIE STRASSE

Irgendwie läuft Ihr Wochenende gerade mal wieder nicht so entspannt wie geplant. Packen Sie Ihre Fantasie in die Hosentasche und reisen nach Indien: Ein Schritt durch die Tür und Sie stehen mitten in Bombay, umhüllt vom Duft des indischen Street-Food mit frisch gebackenem Naan und heißem Chai. Auf der Karte stehen neben Vegetarischem mit Okra und Auberginen auch Hähnchengerichte – zubereitet nach allen Regeln des Slow-Food.

➔ EATDOORI

Bahnhofsviertel | www.eatdoori.com | Mo–Fr 11.30–23, Sa, So 12.30–23 Uhr | Kaiserstr. 55 | Tel. 069 23 69 51
Nordend | Mo–Fr 12–15, 17–23, Sa, So 12–23 Uhr | Oeder Weg 30 | Tel. 069 90 55 13 30

PASTA WIE BEI MAMA

Das mit der Nudelmaschine, die Sie letzte Weihnachten bekommen haben, wäre ja schön und gut. Wenn nicht immer nur ein matschiger Teigklumpen herauskäme … Heute muss es also was vom Profi sein! In diesem kleinen italienischen Restaurant landen neben selbstgemachten Nudeln wöchentlich neue Kreationen auf der Karte, die perfekt zur Jahreszeit passen. Oder soll's lieber die ofenfrische Pizza sein? Denn auch die schmeckt hier ganz wie bei Mama.

➔ PAOLO

Bockenheim | www.paolofrankfurt.de | tgl. 11–23 Uhr | Schloßstr. 85 | Tel. 069 71 91 00 70

LUST AUF 'NE RADTOUR?

Wenn Sie sich Ihr Mittagessen heute mal redlich verdienen wollen, schwingen Sie sich auf Ihren Drahtesel und radeln los. Angekommen am Rand des Ginnheimer Wäldchens, wartet dort ein uriges Wirtshaus mit frisch gezapftem Bier, leckerem Most, verschiedenen Sorten Flammkuchen, Schnitzel und grüner Sauce auf Sie. Bei schönem Wetter sitzt man im großen Biergarten.

➔ GINNHEIMER WIRTSHAUS

Ginnheim | www.ginnheimer-wirtshaus.de | Di–Fr 16.30–23 (bei schönem Wetter ab 12), Sa, So 11.30–23 Uhr | Am Ginnheimer Wäldchen 8 | Tel. 069 95 52 40 00

DAS HERZ AUF DER ZUNGE

Wer auch immer das Gerücht in die Welt gesetzt hat, der Frankfurter sei unterkühlt, der hat sicherlich nie im Schöneberger zu Mittag gegessen. Hier kommen Sie bei regionalen Schmankerln wie Hochstädter Handkäs mit Musik oder bei Flammkuchen mit Speck und Zwiebeln mit den anderen Gästen schneller ins Gespräch, als Sie überhaupt »unterkühlt« sagen können. Im Sommer können Sie nicht nur vor der Tür auf der Terrasse, sondern auch hinten im Garten unter alten Kastanien sitzen.

➔ SCHÖNEBERGER

Bornheim | www.schoene-berger.de | Mo–Do 12–1, Fr, Sa 10–2, So 10–1 Uhr | Berger Str. 237 | Tel. 069 94 50 66 11

Flüssig-
nahrung
Von wegen Naiv,
Bier macht satt

REISE DURCH FRANKREICH

Der traditionelle Mainspaziergang am Wochenende hat auch nichts Besonderes mehr zu bieten? Dann planen Sie das Ganze doch einfach mal so, dass Sie zum Mittagessen in der Maaschanz landen. Im französischen Bistro auf der Dribbdebach-Seite des Eisernen Stegs wird es nämlich nie langweilig – dank der jeweiligen INSIDER TIPP »Provinz des Monats«, deren Spezialitäten auf der Karte landen. Mal gibt's die typische *bouillabaisse* aus der Provence, mal süße und herzhafte Crêpes aus der Bretagne.

➔ MAASCHANZ

€€€ | Sachsenhausen | www.maaschanz.de | Mo–Fr 15–24, Sa 13–23, So 12–24 Uhr | Färberstr. 75 | Tel. 069 6228 86

GESCHICHTE KULINARISCH!

»Liebe Landsleute! Wir sind zu Ihnen gekommen, um Ihnen mitzuteilen, dass Ihre Ausreise …« Na ja, der Rest dessen, was damals in der Prager Botschaft geschah, ist Geschichte! Und so wie die berühmte Namensvetterin dazu beitrug, Deutschland zu vereinen und auch vielfältiger zu machen, sorgt dieses Lokal dafür, dass das kulinarische Angebot in Bornheim noch bunter wird. Serviert werden böhmische Spezialitäten und original tschechisches Bier – alles gespickt mit einem großen Schuss Innovation!

➔ PRAGER BOTSCHAFT

Bornheim | www.pragerbotschaft.de | Mo–Do 10–23, Fr 10–24, Sa 12–24, So 12–22 Uhr | Im Prüfling 28 | Tel. 069 67 86 45 48

HAUPTBEILAGE: BIER!

Zu jeder guten Mahlzeit – und wenn es 20-mal erst 12 Uhr mittags ist – gehört für Sie auch ein leckeres Bier! Aber Binding, Jever und Co sprudeln Ihnen schon langsam aus den Ohren raus. Dann probieren Sie sich doch einfach mal durch eine der größten Craft-Bierkarten der Stadt, die ausschließlich ausgewählte Sorten internationaler Micro-Breweries präsentiert. Dazu gibt's von der Suppe bis zum Steak so ziemlich alles, was der Magen als Grundlage begehrt.

➔ NAIV

City | www.naiv-frankfurt.de | Mo–Fr 17–1, Sa, So 12–1 Uhr | Fahrgasse 4 | Tel. 069 24 40 49 82

STRESS? NICHT MIT MIR!

Wie sich die Leute am Wochenende so stressen können, ist Ihnen unbegreiflich. Aber irgendwie auch extrem amüsant … Na, dann setzen Sie sich doch einfach mitten rein in den Trubel und genießen bei selbstgemachten Limos und Hausmannskost das Treiben, das sich Ihnen als Schauspiel bietet. An den langen Holzbänken vorm Restaurant kommen Sie schnell mit den internationalen Gästen ins Gespräch, und wenn Ihnen der Sinn doch noch nach Shopping steht, sehen Sie gleich, wenn eine Lücke entsteht in der Einkaufsschlange …

➔ LEIB & SEELE

City | www.leibundseele-frankfurt.de | Mo–Fr ab 11.30, Sa, So ab 10 Uhr | Kornmarkt 11 | Tel. 069 28 15 29

SOS, Regen-sonntag!

PFÜTZEN-JAGD!

Wasserfest eingepackt und ab in den Stadtwald, auch wenn es schüttet: Dann nichts wie Anlauf genommen und rein in die nächste Pfütze! So ein Waldspaziergang macht nämlich auch im Regen Spaß. Die Natur umgibt Sie hier von allen Seiten. Auch wenn Sie Ihren Blick gen Himmel richten. Dort sorgen die dichten Baumwipfel dafür, dass Sie nicht ganz so nass werden wie die Menschen in der Stadt.

➔ STADTWALD
Sachsenhausen, Niederrad, Goldstein

REISE IN DIE VERGANGENHEIT

Sonntag ins Museum? Laaaaaangweilig! Nicht aber, wenn Geschichte so lebendig wird wie im Frankfurter Verkehrsmuseum, das zudem als Firmenmuseum der VGF nur sonntags geöffnet ist. Auf knapp 4000 m^2 innen und außen erleben Sie die gesamte Verkehrsgeschichte der Stadt, von der Zeit der Pferdewagen bis hin zu alten Straßenbahnwagen der 1970er- und 80er-Jahre, in denen Sie vielleicht noch im Kinderwagen mitgefahren sind.

➔ VERKEHRSMUSEUM
Schwanheim | **www.hsf-ffm.de/verkehrsmuseum-frankfurt | So 10–17 Uhr | Rheinlandstr. 133 | Tel. 069 21 32 30 39**

BLÜTENPRACHT GEGEN REGENSTIMMUNG

Egal was passiert, Ihr Wochenende lassen Sie sich bestimmt nicht durch schlechtes Wetter verderben! Besonders gut helfen dabei saftiges Grün und bunte Farben, so weit das Auge reicht. Wie wär's also mit einem Besuch im Palmengarten, wo Sie sich bei dicken Tropfen ins Gewächshaus verkrümeln können. Und spätestens, wenn Sie dort Dschungel- und Wüstenlandschaften erkunden, spielt der Regen draußen keine Rolle mehr.

➔ PALMENGARTEN

Westend | www.palmengarten.de | tgl. 9–18 Uhr | 4,50 Euro, ermäßigt 3 Euro | Siesmayerstr. 61 | Tel. 069 21 23 39 39

NUR NOCH KURZ DIE WELT RETTEN

Na, am vergangenen Montag mal wieder nichts Spannendes vom Wochenende im Büro zu erzählen gehabt? Dann entschärfen Sie am nächsten Regensonntag doch einfach mal spontan eine Bombe, retten Sie die Welt vom Ausbruch eines Horrorvirus oder klären Sie einen Mordfall auf.

➔ ESCAPE GAMES

Ostend | www.escape-events.de | Spielzeit je nach Reservierung | Hanauer Landstr. 187 | Tel. 069 20 28 16 16

City | www.secretescape.net | Spielzeit je nach Reservierung | Am Salzhaus 4 | Tel. 0176 67 07 08 10

NIX FÜR WEICHEIER

Diese Schönwetterschwimmer könnten sich mal eine Scheibe von Ihnen abschneiden … Sie ziehen auch bei Regenwetter Ihre Bahnen. Die Wetterfestigkeit wird spätestens belohnt, wenn die Sonne doch noch rauskommt. Dann sind Sie vor allen anderen auf der Liegewiese und können sich in Ruhe das schönste Plätzchen aussuchen. Bätsch!

➔ FREIBÄDER

Eschersheim | www.bbf-frankfurt.de/freibad-eschersheim | Mai.–Sept. Mo–Fr 10–20, Sa, So 9–20 Uhr | Erwachsene 4,50 Euro, ermäßigt 3 Euro | Alexander-Riese-Weg | Tel. 069 27 10 89 23 00

Rödelheim | www.bbf-frankfurt.de/freibad-brentanobad | Rödelheimer Parkweg | Tel. 069 27 10 89 22 00

TORTEN-SCHLACHT

Am Sonntag gehört die Sahnetorte mir

GIB' UNS ZUCKER, MAMA!

Akuten Appetit auf Mamas besten Erdbeerkuchen? Oder irgendein anderes süßes Lieblingsgericht, das eigentlich nur sie so fantastisch hinbekommt? Das Sugar Mama verspricht Linderung: Im gemütlichen Café mit jeder Menge Holzmöbeln werden neben Kuchen und Torten auch Cookies, Brownies und Muffins, Salate und Herzhaftes serviert. Dazu Kaffee und Co, im Sommer hausgemachte Eistees.

SUGAR MAMA

City | facebook.com/cafesugarmama | So–Do 11–20, Fr, Sa 11–23 Uhr | Kurt-Schumacher-Str. 2 | Tel. 0157 8 4 34 70 07

Kuchen-Kamikaze

Keine Angst vor Kalorienbomben im limori

OLDSCHOOL

Hier macht man sich für den Café-Besuch noch schick! Nach einer Tour durch den Palmengarten ist das gediegene Caféhaus Siesmayer genau die richtige Adresse für eine stilechte Pause. Frankfurter Kranz, Apfelkuchen und Siesmayer-Torte stammen aus der hauseigenen Pâtisserie und beglücken auch verwöhnte Naschkatzen. Unschlagbar ist die Sonnenterrasse, von der aus man einen tollen Blick auf den Teich hat.

➔ CAFÉHAUS SIESMAYER

Westend | palmengarten-gastronomie.de | tgl. 8–19 Uhr | Siesmayerstr. 59 | Tel. 069 90 02 92 00

IM KUCHENRAUSCH

Mit Räucherwerk und Coffeeshop hat dieses Café nix zu tun. Stattdessen kann man hier, der Namen deutet es an, in einen wahrhaftigen Kuchenrausch verfallen: New York Cheesecake und Trüffel aus Velvet-Teig, saftig gefüllte Brownies und üppig dekorierte Cupcakes spülen ordentlich Kalorien und Glückshormone in den Körper – mehr ist eben manchmal doch mehr! Daneben gibt's hier aber auch gesündere Köstlichkeiten wie die Açai-Powerballs auf den Teller und an den Wänden Arbeiten lokaler Künstler.

➔ MELLOW YELLOW

Nordend | facebook.com/mellowyellowffm | tgl. 9–19 Uhr | Berger Str. 4 | Tel. 069 56 99 93 65

MAIS OUI, C'EST VRAIMENT BON

Macarons, Obst-Tartelettes und kunstvoll dekorierte Törtchen: hmmmm! Wer Lust auf französische Konditoreikunst vom Feinsten hat, sollte sich vertrauensvoll an Jeanette Baguette wenden. Der Service ist manchmal chaotisch, aber charmant – und für den Kaffee allein kommt man auch eher selten her. Dafür gibt's, wie gesagt, köstliches Gebäck. Ach ja: Die namengebenden Baguettes sind natürlich auch hervorragend.

➔ JEANETTE BAGUETTE

Bornheim | baguette-jeanette.de | tgl. 8–19, Theke ab 7.30 Uhr | Berger Str. 187 | Tel. 069 95 63 67 02

BORNHEIMS BESTE

Ein Laden, der erst wenige Jahre dabei ist und schon Bornheims Bestenliste führt? Das geht: Denn seit Moti Barak sein Mini-Café mit Kuchentheke eröffnet hat, ist das Lokal eingeschlagen wie eine Bombe. Wer einmal hier war, liebt die hauseigenen Kreationen – darunter besondere Schmankerl wie den INSIDER TIPP Israeli Cheesecake mit Schokolade. Als Café für den ganzen Tag bietet das Morcolade außerdem WLAN (immer noch keine Selbstverständlichkeit in Frankfurt), Herzhaftes und Kuchen zum Mitnehmen. Und zum Geburtstag oder einfach nur so kann man sich vom Team einen Wunschkuchen anfertigen lassen.

➔ MORCOLADE

Bornheim | morcolade.de | Mo–Fr 8–20, Sa, So 10–20 Uhr | Eichwaldstr. 2 | Tel. 069 48 00 18 18

FUSION-TORTEN

Wie gut französische Törtchen mit Matcha-Dekor zusammengehen, zeigt diese Nippon-Connection: Die japanische Inhaberin und ihr Bäckermeister aus Paris betreiben eins der originellsten Cafés Frankfurts, von dem sich auch Gäste aus anderen Großstädten noch beeindrucken lassen: New York Cheesecake mit japanischem Touch oder der Grünteekuchen mit Süßbohnenpaste sind jede Sünde wert. Dazu ein flauschiges Ambiente mit französischen Möbeln, Tapeten im Antiklook und Katzen ohne Ende: *kawaii!*

➔ IIMORI

City | Mo–Fr 9–21, Sa, So 10–21 Uhr | www.iimori.de | Braubachstr. 24 | Tel. 069 97 76 82 47

TATORT? ESSEN?

Sonntagabend. Die Ermittlungen ergeben: Sie wollen noch mal raus!

SOKO SACHSENHAUSEN

Och nee, nicht schon wieder ein Tatort-Abend alleine vor dem Fernseher? Kein Problem: In der Alten Liebe wird der Krimi-Klassiker jeden Sonntag ganz öffentlich geschaut. Und so gemütlich wie zu Hause ist es auch, nur besser: Neben Sesseln, Decken, Tee und kleinen Snacks gibt's zum Beispiel das legendäre »Wer weiß den Mörder schon nach 10 Minuten«-Gewinnspiel, bei dem jeder mitmachen kann.

➔ ALTE LIEBE

Sachsenhausen | alteliebe-frankfurt.de | Mo–Do 18–1, Fr, Sa 18–4, So 18–24 Uhr | Darmstädter Landstr. 23 | kein Tel.

KÖNIGLICHER THAI-GENUSS

Unter König Rama V. (1806–1910) erreichte die thailändische Kochkunst eine neue Blütezeit. Dieser Tradition sieht sich das Restaurant verpflichtet. Küche, Service und Ambiente überzeugen seit Jahren, und so gilt das XXL-Lokal noch immer als eine der besten Thai-Adressen der Stadt. Die, ganz nebenbei, auch noch zur kleinen, aber feinen Gemeinde der »Auch Sonntags offen!«-Restaurants gehört.

➔ RAMA V

City | ramav-frankfurt.de | Mo–Fr 12–14.30, 18–23, Sa 12–23, So 18–23 Uhr | Vilbeler Str. 32 | Tel. 069 21 99 64 88

WENN NICHT JETZT, VAN DANN?

Auf diese Frage gibt's eigentlich nur eine Antwort: sofort! Denn das vietnamesische Lieblingslokal hat rund um die Woche für seine Gäste geöffnet – auch sonntags spät. Die Küche gehört zu den beliebtesten der Stadt, Reservieren lohnt sich gerade am Wochenende. An den relativ eng stehenden Tischen werden unter anderem Gerichte zum Selbstrollen oder vietnamesisches Fondue wie die »Tamarinden-Feuer-Insel« serviert.

➔ QUAN VAN

Nordend | www.quanvan.de | Mo–Fr, So 12–15, tgl. 18–23 Uhr | Schwarzburgstr. 74 | Tel. 069 59 97 23

DIE BAR, DIE NIEMALS SCHLÄFT

Diese Bar hat ihren Namen nicht umsonst dem Big Apple entliehen: Mit ihrem stilvollen Ambiente, den exzellenten Cocktails und der typischen Pianomusik fühlt man sich hier an die Klassiker in Manhattan erinnert. Und ganz nebenbei wird hier wie in New York auch (fast) niemals geschlafen – selbst sonntags kann man bei Harry's bis spät in die Nacht trinken, typisches Barfood genießen und zum Beispiel eine Zigarre rauchen. Jep, das gehört dazu: Die Bar ist eines der wenigen Raucherlokale in Frankfurt.

➔ HARRY'S NEW YORK BAR

Sachsenhausen | www.harrysbar-ffm.blogspot.de | tgl. 18–3 Uhr | Walther-von-Cronberg-Platz 1 | Tel. 069 6 64 01 42 01

FUSSBALL, SCHNITZEL, ROCK'N'ROLL …

… das sind die drei Säulen, die das Backstage so beliebt machen. Also zum letzten Bundesligaspiel des Wochenendes ab in Frankfurts berühmteste Fußballkneipe, die immer prall gefüllt ist. Nach dem Abpfiff geht es weiter mit kollektivem Tatort-Schauen. Langweilig wird's hinter dieser Bühne jedenfalls niemals! Sie können auch direkt Ihre Woche durchplanen und sich hier zu einem Livemusik-Act der Kategorie Punkrock oder zum Kneipenquiz verabreden.

➔ BACKSTAGE

Nordend | www.backstagefrankfurt.de | Mo–Do 17–24, Fr 17–2, Sa 17–4, So 17–23 Uhr | Rotschildallee 36 | Tel. 069 4 69 13 55

KNEIPE MIT KOREA-KÜCHE

Lust auf Essengehen, aber ohne den Sonntagsabend-Gemütlichkeitsmodus zu verlassen? Dann auf zu Mr. Lee! Das Lokal wirkt wie eine urige Kneipe, aber auf den Tisch kommen hier kleine und große Köstlichkeiten, auf die echte Fans der koreanischen Küche schwören.

MR. LEE

Gutleutviertel | Mo–Fr, So 11.30–14.30, 17.30–22.30 Uhr | Gutleutstr. 153 | Tel. 069 25 11 98

FÜR BARGÄNGER-GOURMETS

Sonntags nur Dosen? Nicht doch! Das Trares punktet mit feiner Küche, die Klassiker wie Markklößchensuppe nach Omas Rezept ebenso beherrscht wie kreatives Fine Dining. Danach kann man sich eine Portion Schokoravioli mit Mangobutter gönnen, die bei Koch Christopher Crell auf der Karte stehen. Gegen Barmusik sollte man allerdings nichts einzuwenden haben, denn die gehört zum Gesamtpaket dazu: Das Trares ist Restaurant und Bar mit inspirierten Drinks in einem.

TRARES

Nordend | www.trares-restaurant.de | Mo–Do, So 18–1, Fr, Sa 18–3 Uhr | Luisenstr. 7 | Tel. 069 96 75 25 34

SONNTAG, ABEND: ALLES IM RICHTIGEN RAMEN!

Ramen bilden eine wichtige Säule der japanischen Küche, trotzdem werden sie gegenüber dem Sushi hierzulande eher unterbewertet. Nicht so im Muku! Hier werden die beliebten Nudeln in allen nur erdenklichen Variationen serviert. Dazu trinkt man Hochprozentiges von Sake bis Whisky direkt aus Japan – perfekt, um das Wochenende stilecht ausklingen zu lassen.

MUKU

Sachsenhausen | muku-ramen.com | Di–Fr 18–23, Sa 12–14.30, 18–23, So 17–21 | Dreieichstr. 7 | Tel. 069 48 44 51 53

ITALIENFLAIR SCHLÄGT FILMABEND

Den Pizzafahrer zum Wochenausklang zu bestellen hat bei Ihnen schon Tradition. Aber seitdem er Sie schon auf der Straße mit »Quatro Stagioni« grüßt, haben Sie das Gefühl, dass es langsam mal wieder Zeit wird für eine echte Holzofenpizza in einer der besten Pizzerien Frankfurts? In der Trattoria Amici ist es es fast so gemütlich wie auf dem heimischen Sofa, und die Pizza kommt ohne Umwege direkt aus dem Ofen auf Ihren Tisch. Verbrennen Sie sich nicht die Finger!

TRATTORIA AMICI

Westend | www.amici-frankfurt.de | tgl. 11.30–15, 18–24 Uhr | Bettinastr. 17–19 | Tel. 069 7 40 93 17

Wo die Spur hinführt

Folgen Sie Ihrem Instinkt ins Trares

Landflucht. Jetzt!

DIE SONNE STRAMPELT MIT

Die Gelegenheit mit einer Draisine zu fahren, erhält man eher selten. Noch dazu mit der weltweit ersten, wo die Sonnenkraft Ihnen zumindest einen Teil des Strampelns abnimmt. Unterwegs auf der denkmalgeschützten Schienenstrecke zwischen Wald-Michelbach und Mörlenbach passieren Sie vier Viadukte, durchqueren zwei Tunnel und können mit Glück auch Waldtiere aus nächster Nähe beobachten.

➔ **SOLARDRAISINE ÜBERWALDBAHN**

Mörlenbach | www.solardraisine-ueberwaldbahn.de | April–Oktober, Tourenzeiten online | Weinheimer Str. 12–16 | Tel. 06209 7 97 53 45

Tschüss Beton, hallo Frischluftkur!

PADDELN IM GLEICHTAKT

An alle, die nicht aus Zucker sind: Schnappen Sie sich ein paar Freunde und steigen in einen Canadier, um die die Landschaft rechts und links des Lahnufers zu erkunden. Sie durchqueren dabei sogar einen spektakulären Schiffstunnel. Die Sicherheitseinweisung durch das Personal ist im Preis enthalten.

KANUTOUREN IN WEILBURG

Weilburg | www.weilburger-boote.de | Termine nach Vereinbarung | Preise ab 30 Euro je Boot | Bahnhofstr. 2a | Tel. 06471 3 82 11

WER PFF-PUCKT DENN HIER?

Zugegeben ... das Wandern mit Lamas kann – wenn's schlecht läuft – auch mal ein etwas feuchteres Vergnügen werden. Aber alles in allem sind die putzigen Tiere doch echt mehr als süß. Für eine Lama-Wanderung müssen Sie auch nicht in Chile oder Peru Naturschutzgebiete erklimmen, sondern fahren dazu einfach nach Büdingen. Sei es zur zweistündigen Schnuppertour oder für die fünf Stunden lange Strecke zum Keltenberg.

LAMA-TREKKING IN BÜDINGEN

Büdingen-Rohrbach | www.keltenberg-lamas.de | Tourentermine online | ab 20 Euro, Kinder ab 10 Euro | In den Hofgärten 1 | Tel. 0152 34 18 78 39

WILDVÖGEL HAUTNAH

Haben Sie sich auch schon immer gefragt, wie es Falkner bei Greifvögel-Shows anstellen, die schlauen und vor allem wilden Vögel so einfach unter Kontrolle zu behalten? Lassen Sie es sich bei einer Vorführung doch einfach mal erklären. Die erfahrenen Falkner erzählen so ziemlich alles, was es über die Tiere zu wissen gibt. Und vielleicht bekommen Sie dabei die Gelegenheit, das Ganze mit dicken Lederhandschuhen auch mal selbst auszuprobieren.

FALKNEREI RONNEBURG

Ronneburg | www.falknerei-ronneburg.de | Flugvorführungen März–Okt. Di–Do, Sa, So 15 Uhr | 6 Euro, Kinder 4 Euro | Ronneburger Hof 3 | Tel. 0163 4 09 45 00

HÜTTENZAUBER IM MITTELGEBIRGE

Müssen es denn wirklich immer die Alpen sein? Klar ist der Blick auf den Wilden Kaiser spektakulärer als auf die Täler im Taunus und so ein Gletschersee auch nicht zu verachten … aber halt alles ziemlich weit weg! Im Gegensatz zur Brombacher Hütte mit ihren sieben Schlafsälen und Selbstversorgerküche. Packen Sie am Wochenende doch einfach mal Ihre Freunde ein zum Wandern oder Klettern im Taunus und buchen für Samstagabend die Übernachtung in der urigen Berghütte. Rustikal wird's dank 20er-Jahre-Flair allemal.

BROMBACHER HÜTTE

Schmitten-Brombach | www.naturfreunde-ffm.de | März–Okt. Sa, So | Lärchenweg | kein Tel.

Jetzt in 3D:
»Die Mäuse
von Panem«

UNTERWEGS MIT …

… HASI 80

Ganz. Schön. Hässlich. 82

… CARO, BABSI, MATZE & CO 84

… DEN SCHWIEGERMONSTERN 88

… DEN KLEINEN MONSTERN 90

Will spielen! 92

… HOLY FAMILY 94

… ALLEN. WIRKLICH ALLEN. 96

... HASI

Tisch für zwei, Kerzenschein inklusive

STERNTALERS REISEZIEL

Wenn der Frankfurter auf ein hochkarätiges Dinner zu zweit spart, dann gibt er sein Geld gern bei Carmelo Greco aus. Und das völlig zu Recht: Der Inhaber und Chefkoch hat eine Erfolgsgeschichte vorzuweisen, die in Frankfurt ihresgleichen sucht. Egal ob Gault-Millau oder Michelin, beide honorierten die erstklassig zubereiteten Gerichte der *cucina italiana* schon mehrfach. Dazu ein elegantes Ambiente, ein begehbarer Weinschrank, eine Raucherlounge und die großzügige Terrasse: So geht *la dolce vita!*

➔ RISTORANTE CARMELO GRECO

€€€ | Sachsenhausen | www.carmelo-greco.de | Mo–Fr 12–14, 18.30–22, Sa 18.30–22 Uhr | Ziegelhüttenweg 1–3 | Tel. 069 60 60 89 67

MEIN LIEBER SCHWAN

Der Abend soll nicht nur romantisch, sondern mindestens ebenso außergewöhnlich ausfallen? Dann hier entlang: Im schmalsten Haus der Stadt schmeckt es frisch und leicht, eine Mischung aus Tradition und Moderne, die mit Gemüse aus eigenem Anbau interpretiert wird. Kulinarische Überraschungen, natürlich nur gute, gehören sowieso dazu. Zauberhaft für ein Dinner zu zweit: die kleine Dachterrasse mit Blick auf Dom und Skyline.

➔ SEVEN SWANS

€€€ | City | www.sevenswans.de | Di–Sa ab 18.30 Uhr | Mainkai 4 | Tel. 069 21 99 62 26

KÖNIG VON NEW ORLEANS

Kreolische Küche aus dem Kulturschmelztiegel, was mag sich dahinter verstecken? Beipielsweise *gumbo,* frittierte Maniokbällchen, oder *spicy jambalaya.* Und die sind eine Wucht! Zu zweit teilen Sie sich am besten eine Platte INSIDER TIPP Mixed Cajun & Créole vorab – so lassen sich die authentisch zubereiteten Spezialitäten des Hauses in annehmbaren Portiönchen probieren. Im Sommer sitzt man draußen unter Kastanien, bei schlechtem Wetter drinnen bei gutem Jazz.

➔ KING CRÉOLE

Eckenheim | www.kingcreole.de | Mo, Mi–Sa, So ab 18 Uhr | Eckenheimer Landstr. 346 | Tel. 069 54 21 72

GEKONNTES UNDERSTATEMENT

Wem es gar nicht intim genug sein kann, der wende sich vertrauensvoll ans Blumen im Frankfurter Nordend. An diesem Kleinod der guten Küche könnte man glatt vorbeilaufen, so unscheinbar im Souterrain versteckt sich der Mini-Gourmetsalon. Drinnen finden gerade einmal 18 Gäste Platz, die im reduzierten Vintage-Ambiente wechselnde INSIDER TIPP Überraschungsmenüs genießen.

➔ BLUMEN

€€€ | Nordend | www.rotlint60.de | Do–Sa ab 19 Uhr | Rotlintstr. 60 | Tel. 069 49 08 65 10

Luxus, aber relaxed

Ein Abend im Weinsinn

BISTRO DE LUXE

Diese Fans wissen, wovon sie schreiben: Die »New York Times« stellte das Weinsinn als eines von nur fünf kulinarischen Highlights in Deutschland vor, dem Guide Michelin ist die kreative Bistro-Küche von André Rickert ebenfalls einen Stern wert. Weitere Pluspunkte: Das angenehm entspannte Ambiente und die hervorragend bestückte Weinkarte. Dafür muss man allerdings vorausplanen: Wer rein will, sollte sich einreihen – und am besten vorab online Tisch und Termin suchen.

➔ WEINSINN

€€€ | Bockenheim | www.weinsinn-frankfurt.de | Di–Sa ab 18.30 Uhr | Fürstenbergerstr. 179 | Tel. 069 56 99 80 80

TOLLER TIROLER

Reinkommen und Wohlfühlen! La Cigale ist eine echte Oase der Gemütlichkeit. Neben der behaglichen Einrichtung kommt man wegen der mediterran angehauchten Küche des Südtirolers Martin Kofler vorbei. Der kredenzt Verliebten zum Beispiel Walnussravioli oder Wildragout. Die kulinarischen Köstlichkeiten auf der Karte wechseln wöchentlich. Auch in der Weinkollektion schlägt sich Koflers Qualitätsanspruch nieder: Zur Feier des Tages dürfen Sie ruhig mal eine ganze Flasche ordern …

➔ LA CIGALE

Bockenheim | lacigale-restaurant.de | Di–Sa ab 18, Do 12–14 | Falkstr. 38 | Tel. 069 70 41 11

Ganz. Schön. Hässlich.

TAUNUS-BLICK VOM DACHGARTEN

Wir Frankfurter lieben unser Europaviertel und seine Hauptschlagader! Eine breite, kaum befahrene Straße, gesäumt von Betonklötzen mit Höchstpreisimmobilien. Doch wer sich in das wenig frequentierte Einkaufszentrum Skyline Plaza traut und den Aufzug zum öffentlich zugänglichen Dachgarten nimmt, ist an einem herrlichen Aussichtspunkt gelandet und genießt freien Blick auf Messeturm, Tower 185 und bis in den Taunus.

➔ SKYLINE-GARDEN

Europaviertel | www.skylineplaza.de | Mo–Do 8.30–24, Fr, Sa 8.30–2, So 9–24 Uhr | Europa-Allee 6

Nicht schön, aber hat was

JÄGER? GIBT'S HIER NICHT!

Das soll der Goetheturm sein? Sieht aus wie ein überdimensionierter Hochsitz. Hier wird bestimmt geschossen! Nein, keine Sorge, dieser älteste Teil der Skyline ist ein beliebtes Ausflugsziel, besonders für Familien, da an seinem Fuß einer der attraktivsten Kinderspielplätze Frankfurts liegt. Seinen Jahreshöhepunkt erlebt der 43 m hohe Aussichtsturm im Advent, wenn der schönste Weihnachtsmarkt der Stadt ihn zu seiner Hauptattraktion macht. Dann gibt es Glühwein und Waffeln und Frankfurts einzige Krippe mit lebendigen Tieren.

GOETHETURM

Sachsenhausen | April–Okt. tgl. | Sachsenhäuser Landwehrweg 1

OLDTIMER-PARADIES

Schöner wird es wirklich nicht, je weiter die Straßenbahnlinie 11 entlang der Hanauer Landstraße Richtung Osten fährt. Alle Autohäuser, Baustellen und Industriegelände unterwegs ausgiebig bewundert? Dann gehen Sie von der Haltestelle Cassellastraße aus links bis zur Klassikstadt, in der 350 Fahrzeuge die Geschichte des Auto- und Motorsports veranschaulichen. Regelmäßig finden hier auch INSIDER TIPP Oldtimer-Treffen und -Messen statt.

KLASSIKSTADT

Ostend | www.klassikstadt.de | Mo–Sa 10–20, So 10–18 Uhr | Eintritt frei | Orber Str. 4a | Tel. 069 40 89 69 80

BITTE BEVÖLKERN!

Macht der Anblick verlassener Plätze Sie auch immer depressiv? Und ganz besonders solche ohne Begrünung? Dann sollten Sie um die Konsti einen großen Bogen machen. Es sei denn, es ist Donnerstag oder Samstag, wenn bunte Obststände und gesellige Bierbänke den Platz dominieren. 50 Stände von Landwirten aus der ganzen Region und Tausende Kunden, die sich hier mit frischen Lebensmitteln eindecken, geben der Gegend einen freundlichen Anstrich.

ERZEUGERMARKT KONSTABLERWACHE

City | www.erzeugermarkt-konstablerwache.de | Do 10–20, Sa 8–17 Uhr | Konstablerwache

SCHNELL WEG HIER!

Der Bahnhof ist die Visitenkarte einer Stadt! Auwei, dann ist es um Höchst aber schlecht bestellt. Auch die teure Renovierung des über Jahrzehnte vernachlässigten Gebäudes wird den schlechten Ruf der Gegend nicht so schnell ändern und die wenig schmuckvollen Straßen ringsum nicht aufhübschen. Doch nur wenige Hundert Meter Fußweg vorbei an maroden Häusern und schon toppt die Altstadt dieses Bild um Längen: Entdeckt werden wollen – neben alten Sträßchen – ein Schloss, der Bolongaropalast und mit der Justinuskirche eine der ältesten Kirchen Europas.

HÖCHSTER ALTSTADT

Höchst | Bolongarostr., Justinusplatz

... CARO, BABSI, MATZE & CO

Fünf Freunde und das Geheimnis der Riesenpizza

Alle Mann Flossen waschen!

Im Savanna isst man mit den Fingern

JE NETTER DER ABEND, DESTO GRÖSSER DER BEMBEL

Alles, was Sie nach diesem Tag brauchen, ist ein gemütlicher Abend mit all Ihren Freunden. Dann lohnt sich ein Blick in Stubb und Gadde des Apfelwein-Klassikers Fichtekränzi in der Wallstraße. Na, Platz gefunden? Dann kann's ja mit der Bestellrunde losgehen. Auf dem Block des Kellners landen Handkäs, Schnitzel und Rippchen, vorsorglich ein 16er-Bembel mit halber Wasserkiste. Mer gönnt sisch ja sonst nix!

➔ FICHTEKRÄNZI

Sachsenhausen | www.fichtekraenzi.de | Mo–Sa ab 16, So ab 17 Uhr | Wallstr. 5 | Tel. 069 61 27 78

RUNDER TISCH IM BIERGARTEN

Gibt es einen schöneren Abschluss für den sommerlichen Schwimmbadausflug als der gemeinsame Absacker im Biergarten? Einen der schönsten der Stadt hat die Gaststätte Drosselbart, die noch dazu gleich um die Ecke vom Eschi, dem Eschersheimer Schwimmbad, liegt. Hier stillen wechselnde Wochengerichte den Hunger mit Hausmannskost, und die letzten Sonnenstrahlen des Tages erhält man gratis dazu. Bleibt zu hoffen, dass die Sonnencreme noch eine Weile wirkt, denn wer sich hier erst mal festquatscht, geht vorm Auskehren sicher nicht nach Hause.

➔ DROSSELBART

Nordend | www.drosselbart.net | im Sommer Mo–Fr 12–14.30, 16.30–23, Sa 16.30–23, So 12–23, sonst Mo–Sa 17–23, So 12–22 Uhr | Eschersheimer Landstr. 607 | Tel. 069 53 43 93

TAPAS TO STAY!

»Einmal alles, bitte« ist eigentlich die einzig vernünftige Bestellung, die Sie in großer Runde im Tapasrestaurant mit dem klingenden Namen Centro Cultural Gallego aufgeben können. Zur Kultur eines Landes gehört immerhin auch das Essen, und das schreit hier förmlich: »Probier mich!« Auf der Karte stehen *dátiles con tocino, tortilla de jamón, flan* und viele andere Leckereien der spanischen Küche. Und geteilt mit den besten Freunden schmeckt das Ganze noch doppelt so gut!

➔ CENTRO CULTURAL GALLEGO

City | www.cc-gallego.de | Di–So 12–24 Uhr | An der Staufenmauer 14 | Tel. 069 21 99 58 40

AFRIKANISCHE PLATTE FÜR ALLE

Eine gute Freundschaft muss es aushalten, dass man sich voreinander auch mal so richtig die Pfoten dreckig macht. Geht aber nicht nur in schweißtreibender Form, sondern auch richtig lecker! Im Savanna zum Beispiel, einem eritreischen Kultrestaurant mitten in der Innenstadt. Hier bekommt die ganze Clique Teigtaschen, allerlei Saucen mit Lamm, Huhn, Rind oder Gemüse auf einer großen Platte serviert, gegessen wird stilecht mit den Fingern. Na dann, guten Hunger!

➔ SAVANNA

City | www.savanna-restaurant.com | tgl. 17–24 Uhr | Alte Gasse 69 | Tel. 069 21 99 87 86

EINE RUNDE OUZO BITTE!

Der Feierabend ruft, und der Zufallsgenerator in Sachen Restaurantauswahl schickt Sie und Ihre Freunde in dieser Woche zum Griechen. Dann testen Sie doch mal das Parthenon, das nicht nur zu den traditionsreichsten griechischen Restaurants der Stadt gehört, sondern auch zu den besten. Serviert werden Spezialitäten vor allem mit Fisch und Lamm – natürlich alles gespickt mit viel Knoblauch. Aber Sie wollen ja heute Abend ohnehin unter sich bleiben.

➔ PARTHENON

Sachsenhausen | www.parthenon-restaurant.net | tgl. 12–15, 18–23 Uhr | Kennedyallee 34 | Tel. 069 63 54 19

WER SPIELT DEN KÄPT'N?

So eine Kreuzfahrt mit der ganzen Clique, das wäre doch mal cool. Schade nur, dass sich so ein Urlaubsplan nie und nimmer aufeinander abstimmen lässt, und woher sollte überhaupt der Lottogewinn dafür kommen? Next best thing: Das Lella Mozzarella sorgt mit seiner Schiffseinrichtung dafür, dass sie einen Abend lang vergessen, in Frankfurt statt auf hoher See zu sein. Statt Servietten werden hier sogar kleine Handtücher gereicht. Gekocht wird typisch italienisch mit Büffelmozzarella.

➔ **LELLA MOZZARELLA**

Sachsenhausen | www.lellamozzarella.de | Mo–Mi 11.30–24, Do, Fr 11.30–1, Sa, So 17–24 Uhr | Am Ziegelhüttenplatz | Tel. 069 66 36 67 44

SCHLEMMEN STATT SPRÜCHE KLOPFEN

In Zeiten sozialer Medien ist der am meisten zitierte Konfuziussatz wohl der, dass es sich bei einem Großteil von Facebook-Zitaten um Fakes handelt. Kann man so stehen lassen. Zumindest in Sachen Küche darf man sich aber ganz auf das, was Konfuzius sagt, verlassen: Im gleichnamigen Restaurant kommen vietnamesische Köstlichkeiten auf den Teller, darunter Pfannkuchen mit Lotusblättern und Krebssuppe – und die schmecken in netter Gesellschaft erfahrungsgemäß besonders gut. Nach dem Essen gibt's den legendären Drip-Coffee und vielleicht noch ein Schwätzchen mit dem eloquenten Besitzer.

➔ **KONFUZIUS SAGT ...**

Nordend | facebook.com/pg/Konfuziussagt | Di–So 11.30–14, 17–22 Uhr | Homburger Landstr. 145 | Tel. 069 13 81 82 62

HÄPPCHEN ANGELN

Sushi am laufenden Band: Im Sushiko fahren die Häppchen einmal um den Tresen, farblich sortiert nach Preisen. Jeder aus Ihrer Truppe wird dabei glücklich nach seiner Façon. Und inspiriert die anderen zum nächsten Fang. Neben rohem Fisch kann man sich hier auch Frittiertes oder zum Beispiel ein japanisches Schnitzel schnappen. Warum nicht auch mal ein kollektives Mittagessen, dann gibt's nämlich noch günstigere Angebote.

➔ **SUSHIKO**

Sachsenhausen | www.frankfurt-sushi.de | Mo–Sa 12–14.30, 18–22.30 Uhr | Schweizer Str. 61 | Tel. 069 60 60 54 60

STAMMTISCH GESUCHT!

Für langweilige Rituale sind Sie und Ihre Freunde ja eigentlich gar nicht zu haben. Dumm nur, dass so ein Stammplatz auch etwas sehr Heimeliges haben kann. Versuchen Sie's doch mal in der Freitagsküche! Hier steht INSIDER TIPP jeden Freitagabend ein anderer Gastkoch aus der Frankfurter Künstlerszene am Herd und zaubert mit etlichen Helfern ein köstliches Menü in Bio-Qualität. Langweilig wird's hier dank wöchentlich neuer Ideen sicher nicht. Und es ist doch wirklich ein schönes Gefühl, wenn einen die Kellner schon mit Namen begrüßen.

➔ **FREITAGSKÜCHE**

Gallus | www.freitagskueche.de | Mo–Do 11.30–17.30, Fr 11.30–14, 19–24 Uhr | Mainzer Landstr. 105 | Tel. 069 84 77 08 54

Hey, das war meiner!

Schnell zuschnappen am Fließband im Sushiko

... DEN SCHWIEGER-MONSTERN

Maria, der Schwiegermutter schmeckt's doch!

Wie geht das Rezept?

Papa, so was fragt man nicht! – Wieso, der Alexis Sorbas hat sich auch was getraut

DIE PERFEKTE MISCHUNG

»Ach so, und reserviert dieses Mal doch bitte wo mit mehr Stil. Aber was Anständiges, nicht so moderner Schnickschack!« – tuut, tuut, tuut ... Wie schön, dass man mit den Ansagen der Schwiegermama so viel anfangen kann. Versuchen Sie es mit dem Safran & Sauerkraut, wo – wie der Name schon sagt – Ausgefallenes auf Lokales trifft. Dazu gibt's ausgewählte Weine und Biersorten.

➔ SAFRAN & SAUERKRAUT

Sachsenhausen | www.safransauerkraut.de | Di–Sa 18–1 Uhr | Wallstr. 6 | Tel. 069 17 42 88 80

EIN TELLER ÜBERRASCHUNG

Ein voraussehbares Wochenende mit Ihren Schwiegereltern? Haha! Na, dann fügen Sie dem Ganzen doch wenigstens ein kulinarisches Überraschungselement hinzu: ein Besuch im Carte Blanche, wo jeden Tag die Speisekarte neu geschrieben wird, basierend auf dem, was der Markt an frischen Zutaten hergibt. Die sind auch alles, was Sie beim Bestellen erfahren. Was am Ende herauskommt, bleibt eine große Überraschung!

➔ CARTE BLANCHE

€€€ | Nordend | Mi–So 18–24 h | Egenolffstr. 39 | Tel. 069 27 24 58 83

TAPAS AUF VIETNAMESISCH

Der Mann würde zum Besuch Ihrer Eltern am liebsten nur Chinesisch bestellen ... stillos! Aber wenigstens Sie wissen, was gut ist. Gemeinsam mit den Gästen probieren Sie das kreative vietnamesische Streetfood. Alle noch fit im Stäbchen halten? Gut! Dann genießen Sie die frischen Gerichte, die Sie sich wie Tapas beim Spanier ganz nach Gusto zusammenstellen können!

➔ V'UISINE

Nordend | www.vuisine.de | Mo–Sa 17–24, So 14–23 Uhr | Wielandstr. 61 | Tel. 069 98 95 99 85

KREATIVER GRIECHE

»Lass uns doch am Wochenende ganz exotisch essen, wenn wir schon mal da sind!«, schlägt Schwiegerpapa vor, und Sie gehen mental schon die besten Afrikaner und Perser durch. »Was haltet ihr denn von Griechisch?« Ach – dieses exotisch! Ein Fall für Alexis Sorbas, wo griechische Spezialitäten ganz besonders in Szene gesetzt werden. Oder ist Hasenrückenfilet auf Vanille-Mango-Lauchbett Ihnen nicht exotisch genug?

➔ ALEXIS SORBAS

Niederrad | www.alexis-sorbas-restaurant.de | Di–Sa 17–24, So 12–15, 17–24 Uhr | Güntherstr. 42a | Tel. 069 67 24 62

TRADITION TRIFFT SHOWBIZ

Kino kann der Besuch auch zu Hause haben, und einfach nur essen gehen ist Ihnen zu langweilig. Was tun? Der ehemalige Modemacher Peyman Far organisiert neben sagenhafter lokaler Küche INSIDER TIPP tolle Unterhaltung mit Stand-up-Comedy, Krimiabenden, Vernissagen und Jam-Sessions. Einmal im Monat werden sogar Gastköche eingeladen, die die vielseitige Karte noch bunter machen.

➔ LANDWEHRSTÜBCHEN

€€€ | Sachsenhausen | www.landwehrstuebchen-ffm.de | Mi–So 17.30–24 Uhr | Sachsenhäuser Landwehrweg 371 | Tel. 069 63 54 40

BIEREXPERTEN UNTER SICH

Zu Papas Lieblingsthemen gehört seit einigen Monaten der ganze Rummel um diese »Kraftbiere«, von denen man ja neuerdings so oft auf Facebook liest ... Nur was er davon halten soll, hat er noch nicht so richtig entschieden. Zeit für einen Ausflug an einen Ort, wo man sich mit dem Trend so richtig auskennt und allein vom Fass zehn handwerklich gebraute Biere ausschenkt, dazu selbstgezauberte Bistro-Köstlichkeiten.

➔ WIR KOMPLIZEN

Nordend | www.wir-komplizen.de | Di–Do 14–23, Fr, Sa 14–24, So 10–18 Uhr | Egenolffstr. 17 | Tel. 069 83 04 48 05

... DEN KLEINEN MONSTERN

Lara will nicht aus dem Pommes-Paradies abgeholt werden

STAIRWAY TO ICECREAM-HEAVEN

Was finden Kinder noch toller als Eis? Wenn Sie den Besuch bei der Eisdiele mit einem kleinen Abenteuer verbinden können. Also? Höhenangst weggepackt und steigen Sie auf die längste freistehende Rolltreppe Europas im Myzeil. Die bringt Sie direkt ins vierte Obergeschoss des modernen Einkaufszentrums mitten auf der Zeil, wo Sie und Ihr Nachwuchs sich die verrücktesten Sorten an Ice Cream Rolls zusammenstellen können. Die sind mit leckeren Keksen und frischem Obst dekoriert. Oder soll es doch der Hot-Dog aus Brioche sein?

➔ CINELLI'S ICE CREAM ROLLS

City | www.cinellis.de | Mo–Sa 10–21 Uhr | Zeil 106 | Tel. 069 26 94 59 00

MUFFINS ALS HAUPTGANG

Ein Café speziell für Kinder? Nichts wie hin! Das Spielzimmer quillt über vor Spielsachen. Und auch Spielgefährten und Gesprächspartner finden sich im gut besuchten Kinderparadies schnell. Serviert werden Kuchen und Muffins, erfahrungsgemäß das leckerste Essen der Welt. Bei gutem Wetter geht's danach auf den Hof zum Spielen. Einmal im Monat gibt es INSIDER TIPP Kindertheater.

➔ ZEBULON

Bockenheim | www.kindererlebnis.de/zebulon | Mo–Sa 15–18, So 9–18 Uhr | Grempstr. 23 | Tel. 069 77 35 54

SEKT FÜR SANDKASTENTROLLE

Von wegen Tradition ist nichts für den Nachwuchs! Im Praunheimer Ebbelwei-Lokal warten auf die Kleinen neben Spiel- und Schmökermöglichkeiten auch leckerer Bio-Apfelsaft und Kindersekt, während die Eltern aus 15 Arten des hessischen Nationalgetränks auswählen. Das perfekte Ziel für einen Radausflug mit der Familie!

➔ SCHUCH'S

Praunheim | www.schuchs-restaurant.de | Mo, Mi, Fr 17–23, Di, Do, Sa, So 12–23 Uhr | Alt-Praunheim 11 | Tel. 069 76 10 05

Kinder-mund

Mama, wieso schmeckt's bei uns eigentlich nie so lecker wie im Schuch's?

TOBEN, BIS DER ARZT KOMMT

Kinder satt zu kriegen, ist eine Sache. Sie müde zu machen eine andere. Versuchen Sie's doch mal mit einem Ausflug ins Tower-Café am Alten Flugplatz. Von hier aus haben Sie den perfekten Überblick über das riesige Gelände und können sich bei Pommes und Schnitzel gleich die To-do-Liste für den weiteren Tag zurechtlegen. 1. Skaten auf den endlosen Asphaltstrecken. 2. Alles über die seltenen Vogelarten lernen, die das Schutzgebiet bewohnen. 3. Das große Heckenlabyrinth erkunden … und, und, und!

➔ TOWER-CAFE

Bonames | www.tower-cafe.de | Mo–Sa 11.30–18, So 10–18 Uhr, bei gutem Wetter bis Sonnenuntergang | Am Burghof 55 | Tel. 069 95 04 85 32

RETTUNG DES BURGERRUFS

Selbst den Kindern zuliebe kriegt Sie keiner in die Fast-Food-Paläste der Innenstadt, Gequengel hin oder her. Aber hey, es gibt ja auch Alternativen, bei denen man ein Auge zudrücken kann. Kennen Sie das INSIDER TIPP Kleinburgermenü im Sachsenhäuser Burgerparadies? Für die Kleinen gibt's da den Hamburger im Vollkornbreedsche, wahlweise mit selbstgemachten Pommes oder Salat.

➔ BURGERMEISTER

Sachsenhausen | www.burgermeister-ffm.de | Mo–Do 17–23, Fr, Sa 12–1, So 13–21 Uhr | Dreieichstr. 30 | Tel. 069 6 11 36 66

SCHNITZELJAGD ZUM WAFFELTRUCK

Das Wochenende lockt mit Sonnenschein und einem Familienausflug an die frische Luft. Doch langsam schlägt bei allen der Hunger zu … Dann machen Sie sich am besten auf in die Innenstadt, und zwar nicht auf die Zeil, wo gerade eh kein Durchkommen ist, sondern in die entspannte Töngesgasse, die parallel zur Einkaufsmeile verläuft. Die Waffle World 34 verwöhnt hier mit leckeren Waffel- und Crêpe-Kreationen und viel Schokolade. Ihre Kinder werden Sie dafür lieben!

➔ WAFFLE WORLD 34

City | www.facebook.com/Waffle-World-34-271020089962448 | Mo–Sa 10–22, So 12–22 Uhr | Töngesgasse 34 | Tel. 0177 7 64 83 65

Zu alt dafür? Von wegen!

Will spielen!

COWBOYS DES 21. JAHRHUNDERTS

Geben wir's zu: Die Zeiten, in denen Sie mit Ihren Freunden ohne negativ aufzufallen Cowboy und Indianer spielen konnten, sind schon eine Weile vorbei … Einen Rückzugsort für Kindgebliebene gibt es aber trotzdem. Beim Lasertag bekommt jeder Spieler eine Infrarotpistole, mit der Sie entweder in Teams gegeneinander antreteten oder à la »jeder jagt jeden« spielen. Aber Vorsicht: Immer schön in der Nähe der Kulissen bleiben, denn Deckung ist alles!

LASERTAG

Gallus | www.lasertag-frankfurt.de | tgl. 10–24 Uhr (nach Anmeldung) | Match à 20 Min. ab 7 Euro | Schmidtstr. 12 | Tel. 069 3 80 79 51 60
Enkheim | www.laserzone.de | Mo–Do 14–22, Fr 14–24, Sa 10–24, So 10–22 Uhr (nach Anmeldung) | Match à 12 Min. ab 6 Euro | Borsigallee 18 | Tel. 069 4 01 51 00 50

NICHTS FÜR WATSONS

Sherlock Holmes? Gegen Sie ein absoluter Anfänger! Beweise her: Schlüpfen Sie mit anderen Schiffsgästen in die Rolle des Detektivs und lösen beim Dinnerabend auf der Primus-Linie spannende Fälle. Sie ermitteln, werten Indizien aus, befragen Verdächtige, beraten sich mit anderen und kombinieren alle Erkenntnisse, bis die Lösung gefunden ist. Aber Vorsicht! Hören Sie auf Ihren Instinkt. Denn herauszufinden, wer Gast ist und wer Schauspieler, wäre selbst für Sherlock Holmes eine Herausforderung.

➔ KRIMISCHIFF

City | www.krimischiff.de | Termine auf der Website | 69,50 Euro | Anlegestelle Eiserner Steg | Mainkai | Tel. 069 1 33 83 70

STADTTOUR AUS KINDERAUGEN

Was Frankfurtwissen angeht, macht Ihnen so schnell niemand was vor. Fluch oder Segen? Denn eigentlich würden Sie die Stadt liebend gern noch mal ganz unbedarft erkunden. Dann spielen Sie mit Ihren Freunden doch mal das Frankfurtspiel! Zu Fuß, mit dem Rad oder per Bus und Bahn sind Sie auf Stadtrallyes unterwegs, um knifflige Aufgaben zu lösen und dabei so manche Überraschung zu erleben. Eine Kombination aus Schnitzeljagd und »Wer wird Millionär«.

➔ DAS FRANKFURTSPIEL

City | www.frankfurtspiel.de | Gruppenbuchung ab 6 Personen | 12 Euro p.P. | Tel. 069 48 00 25 04

ABENTEUERWALD FÜR GROSS UND KLEIN

Was waren das früher abenteuerliche Zeiten? Kein Baum, den Sie nicht erklommen haben, keine Seilrutsche, die vor Ihnen sicher war! Warum liebgewonnene Rituale einfach aufgeben? Ihr Ausflugsziel für diesen Fall: der Fun-Forest in Offenbach. Hier warten 14 Parcours in verschiedenen Schwierigkeitsstufen auf Sie, mit bis zu 150 m langen Seilrutschen und verschiedenen Kletterrouten in bis zu 15 m Höhe. Natürlich alles gesichert und mit Helm. Sie sind jetzt ja schließlich erwachsen!

➔ FUN FOREST

Offenbach | offenbach.funforest.de | April–Nov. (nach Anmeldung) | ab 19 Euro, Kinder ab 7,50 Euro | Bieberer Str. 276a | Tel. 069 85 70 20 00

UND JETZT: SALTO!

Wann haben Sie sich das letzte Mal frei gefühlt? So frei, dass es schon fast an Schwerelosigkeit grenzt? Lange her? Dann packen Sie Ihre Freunde ein und steigen in die nächste S-Bahn Richtung Dietzenbach. In Hessens erster Trampolinarena schlagen Sie Saltos, fliegen meterhoch durch die Lüfte und fallen immer wieder weich aufs Netz. Das macht nicht nur Spaß, sondern hält ganz nebenbei auch noch echt fit! Und jetzt: Saltoooooooo!

➔ 360 JUMP

Dietzenbach | www.360jump.de | Mo–Do 14–19, Fr 14–20, Sa 10–20, So 10–19 Uhr | ab 8 Euro/Std. | Karl-Benz-Str. 5 | Tel. 06074 6 96 93 79

… HOLY FAMILY

Vater, Mutter, Kind. Und Kellner.

FAMILIENAUSFLUG INS GRÜNE

Die wertvollen Sonnenstunden ihrer Freizeit genießen Sie mit der ganzen Familie am liebsten irgendwo abseits, wo viel Grün zum Spazieren einlädt. Und natürlich da, wo urige Gasthäuser Leckereien und frisch Gekeltertes für die ganze Familie servieren. Dann kombinieren Sie den nächsten Ausflug doch mit einem Besuch der Buchscheer. Das Traditionslokal ist nicht nur mehrfach prämiert für seinen Apfelwein, sondern hat auch noch eine richtig gute Küche. Und die Garten- und Parkanlagen ringsum bieten noch dazu immer Neues zum Entdecken.

➔ BUCHSCHEER

Sachsenhausen | **www.buchscheer.de | Mo–Fr 16–23, Sa, So 12–23 Uhr | Schwarzsteinkrautweg 17 | Tel. 069 75 84 77 22**

PFANNKUCHENSCHLACHT!

Was wäre ein besserer Anlass zum gemütlichen Familiendinner, als sich durch die besten Pfannkuchenkreationen der Stadt durchzufuttern? Die haben in diesem Fall lettischen Ursprung, heißen *pankuka* und sind gefüllt mit Räucherlachs, frischem Dill und Meerrettichcreme oder Beerenmus und dem osteuropäischen Frischkäse *tworog*. Da findet sich für jeden die ideale Mischung.

➔ BALTIQUE

City | **www.baltique.de | Mo–Fr 9–21, Sa 10–22, So 10–15 Uhr | Heiligkreuzgasse 31 | Tel. 069 27 24 31 01**

SCHIFFE GUCKEN VON DER OOSTEN-TERRASSE

Für den echten Frankfurter ist ein Spaziergang am Main an seinem Tag natürlich Ehrensache. Gerade, wenn die Kinder im Schlepptau sind. Bleiben Sie doch gleich zum Essen da. Zum Beispiel auf der großen Terrasse im Oosten, wo es dank dem tollen Ausblick auf alles, was ringsum passiert, auch den Kindern schwer langweilig werden kann. Sie beobachten von hier aus die Sportboote, die über den Main flitzen, schwere Passagierschiffe, von denen aus Ihnen Gäste zuwinken, und hin und wieder auch eine Möwe, die das Schauspiel ebenso fasziniert betrachtet. Auf der Karte gibt's Regionales und Internationales.

➔ OOSTEN

€€€ | Nordend | **www.oosten-frankfurt.com | Mo–Do 10–24, Fr 10–1, Sa 9–1, So 9–24 Uhr | Eyssenstr. 4 | Tel. 069 9 49 42 56 80**

ES IST BIERGARTENWETTER

So ein richtig schöner Biergarten wäre für diesen Sommerabend genau das Richtige! Einer, wo die Kids spielen, und die Eltern einfach mal wieder mit Freunden plaudern können. Die Speisekammer ruft! Zumal deren Besuch sich super mit einem Nachmittag an der Nidda verbinden lässt, wo die Parkanlagen zum Chillen und Rumtoben einladen. Zu essen gibt's zwischen Geschnetzeltem mit Kroketten und frischen saisonalen Fischen so ziemlich alles.

➔ SPEISEKAMMER

Heddernheim | **www.speisekammer-frankfurt.de | tgl. im Sommer ab 17, im Winter ab 18 Uhr | Alt-Heddernheim 41 | Tel. 069 57 38 88**

ALPENKÜCHE GLAMOURÖS

Seien wir doch mal ehrlich! Sobald der Nachwuchs da ist, sind die Ausflüge in teure Nobelrestaurants Geschichte. Dabei gibt es auch Orte, wo selbst die Kleinen Leckeres auf den exquisiten Speisekarten finden. Gehen Sie im Anschluss an einen Besuch im Filmmuseum gegenüber ins Lohninger, wo einer der leckersten Kaiserschmarrn der Stadt auf die Kids wartet, während sich die Erwachsenen durch mehrere Gänge feinster österreichischer Küche futtern oder internationale Hochkaräter wie Miso-Lachs und New Yorker Pastrami verköstigen.

➔ LOHNINGER

€€€ | Sachsenhausen | **www.lohninger.de | tgl. 12–14, 18–24 Uhr | Schweizer Str. 1 | Tel. 069 2 47 55 78 60**

STÄRKUNG FÜR NACHWUCHSRITTER

Es gibt Phasen, die tauchen im Leben so ziemlich jeden Kindes auf. Wenn sich der Alltag nur darum dreht, Feuerwehrmann oder Lokführer zu werden, oder Ritter und Prinzessinnen die Fantasie beflügeln. Nutzen Sie letztere für einen Ausflug nach Höchst. Nachdem Sie gemeinsam das Schloss erkundet haben, kehren Sie im Schwan ein, einer Traditionsgaststätte mit gutbürgerlicher Küche, die auch den Nachwuchsrittern schmeckt.

➔ ZUM SCHWAN

Nordend | **www.zumschwan-hoechst.de | im Sommer tgl. ab 11, sonst Di–Sa 11–14, ab 17, So ab 11 Uhr | Höchster Schlossplatz 7 | Tel. 069 30 06 66 56**

Echt oberlecker!

Oma, kommst du auch mit in die Speisekammer?

... ALLEN. WIRKLICH ALLEN.

Feste muss man feiern, wo Platz für alle ist

ERST KÖSTLICH, DANN KEGELN

Juhu, die Kegelbahn ist zurück! Früher gehörte eine Partie zu jedem gelungenen Familienfest oder zur gutbürgerlichen Geburtstagsparty dazu, heute muss man länger suchen, um ein Lokal mit eigener Bahn zu finden. Wie gut, dass es den Homburger Hof gibt – hier lässt man sich in großer Runde die hessische Küche schmecken und zieht danach auf die frisch renovierte Kegelbahn. Hier nennt man das übrigens INSIDER TIPP Bembelkegeln: Zur Bahnmiete gibt's einen 6er-Bembel Ebbelwoi gratis!

➔ HOMBURGER HOF

Eckenheim | **homburgerhof.com | Di–Fr 17–0, Sa 11.30–24, So 11.30–22 Uhr | Engelthaler Str. 13 | Tel. 069 95 41 62 42**

GUT GEBRÜLLT

Das Traditionslokal in Familienbesitz hat einen lauschigen Hof und einen urigen Gastraum – perfekt auch für größere Runden. Unter einem alten Kastanienbaum kommen gutbürgerliche Gerichte mit eigenem Dreh auf den Tisch, gern auch einmal mit mediterranem Einschlag. Ein großes Herz für kleine Leute beweist das Lokal nicht nur mit mehreren »Hits für Kids«, sondern auch mit eigenem Sandkasten im Hof. Perfekt für die Familienfeier!

➔ DER LÖWE

Zeilsheim | **derloewe.eu | Mo, Mi–So 17–22 Uhr | Alt Zeilsheim 10 | Tel. 069 30 06 05 55**

FAMILIENFEIER MIT STIL

Große Runde ja, aber auf den Charme vom Vereinshaus kann man gern verzichten? Dann ist diese Adresse goldrichtig: Der imposante Ziegelbau im Frankfurter Westhafen überzeugt mit seinem 13 m hohen Gastraum mit originalgetreuem Fliesenboden und einer Alabasterbar. Neben der sehenswerten Umgebung muss sich auch die Küche nicht verstecken. Produkte aus der Region stehen hierbei besonders hoch im Kurs. Außerdem verarbeiten die Köche gern, was der saisonale Markt hergibt.

➔ DRUCKWASSERWERK

Gutleutviertel | **restaurant-druckwasserwerk.de | Mo–Fr 11.30–24, Sa 18–24, So 10–24 Uhr | Rotfeder Ring 16 | Tel. 069 2 56 28 77 00**

Anstoßen auf Anton

Und jetzt singen alle im Druckwasserwerk mit: »Happy Birthday ...«

FAMIGLIA UNTER SICH

INSIDER TIPP Eine Trattoria ganz für sich allein? Kann man haben! Das beliebte italienische Lokal macht für größere Runden auch schon einmal den Restaurantbetrieb dicht – um das Augenmerk ganz auf die geschlossene Gesellschaft zu richten. Natürlich lohnt ein Besuch auch, wenn man nur einen Tisch buchen möchte: Pizza, Pasta, Fisch- und Fleischgerichte sind köstlich, und die Familie Calla sorgt dafür, dass man sich gleich wie zu Hause fühlt. Neben den Klassikern gibt's eine Tageskarte, wechselnde Saisongerichte und hausgemachte Nudeln.

➔ DA PASQUALE

Sachsenhausen | trattoria-da-pasquale.de | Mo–Fr 12–14.30, 18–23, Sa 18–23 Uhr | Mörfelder Landstr. 82 | Tel. 069 61 26 13

FEIERN IM FACHWERKHAUS

Ob Hochzeit, Geburtstag oder einfach so: Für größere Runden lohnt sich der Weg nach Niederursel. Denn dort zaubern die Mitarbeiter nach Vorbestellung eine feine Festtafel ganz nach eigenen Wünschen, à la Carte oder mit festem Menü. Die Speisenfolge orientiert sich an der guten Frankfurter Küche, zum Beispiel mit Grüner Sauce mit Salzkartoffeln oder Niederurseler Wurtspezialitäten. Neben dem urigen Fachwerkhäuschen steht im Sommer auch der lauschige Garten für fröhliche Gesellschaften bereit.

➔ ZUM LAHMEN ESEL

Niederursel | www.lahmer-esel.de | Di–So 11.30–14.30, 17–24 Uhr | Krautgartenweg 1 | Tel. 069 57 39 74

WALDIDYLLE

Drinnen gaaanz viel Platz, draußen auch: Hier, mitten im Frankfurter Stadtwald, kann man es sich hervorragend mit Eltern und Kindern, Oma und Opa, Schwägerin und Schwipp-Schwager gut gehen lassen. Je nach Wetter genießt man die verfeinerten, gutbürgerlichen Leckereien auf der Terrasse an der frischen Waldluft oder bei offenem Kamin und rustikalem Holzdekor. Praktisch: Bei größeren Runden mietet man vorab einfach einen der Gasträume – von der urigen Försterstube für 30 Personen bis hin zum Wintergarten.

➔ OBERSCHWEINSTIEGE

Sachsenhausen | oberschweinstiege-frankfurt.de | tgl. ab 11 Uhr, Küche durchgehend bis 21 Uhr | Oberschweinstiegschneise 65 | Tel. 069 6 97 69 37 10

Teller leer,
Lust auf
mehr ...

HUNGER? GEGESSEN!

MEGAKOHLDAMPF 100

BIKINIFOOD 104

Kill die Kilos! 106

VOLL GESUND 108

SEELENFUTTER 110

Dumm gelaufen 112

SNACK ATTACK 114

LOKALE LOKALE 116

ECHT EXOTISCH 120

Weltreise in Frankfurt 124

MEGA-KOHLDAMPF

„Mein Lieblingsgericht heißt „viel davon“

Mumbai-Marathon

Kurze Pause, aber bald geht's weiter – mit dem Speisekartedurchtesten im Mera Masala

ALS ZWERG IM RIESENLAND

Jetzt mal ehrlich: Haben Sie wirklich SO viel Hunger oder einfach nur eine Wette verloren? Aber gut, Sie haben es so gewollt! Im XXXXL-Restaurant Waldgeist gibt es Steaks bis zu 1,2 kg und Schnitzel bis zu 1 kg. Die XXXL-Burger haben einen Durchmesser von 30 cm und die Currywurst in hausgemachter Sauce reicht bei 600 g auch für eine ganze Großfamilie. Wer hier bei nicht aufgegessenem Teller Schlechtwetter riskiert, kann locker nach Hause rollen.

➔ WALDGEIST

Hofheim | www.derwaldgeist.de | tgl. 12–22 Uhr | Schloßstr. 70 | Tel. 06192 3 83 85

INDISCH BIS ZUM ABWINKEN

Den großen Hunger stillen ist ja schön und gut, aber vielleicht versuchen Sie es mal mit etwas, das leichter ist als Burger, Pizza und Co. Indisch zum Beispiel! Im Mera Masala warten große Portionen leckerer Eintopfgerichte auf Sie, die dank Fleisch, Gemüse und Reisbeilagen ordentlich satt machen und hinterher trotzdem nicht ganz so schwer im Magen liegen. Die köstlichen Fleischspieße, die Sie sich dazu bestellen können, gibt es außerdem ganz traditionell aus dem Tandoor-Ofen.

➔ MERA MASALA

Bornheim | www.meramasala.de | Di–So 17–24 Uhr | Sandweg 56 | Tel. 069 94 34 01 50

PIZZA MIT SCHERE

Pizzastück für Pizzastück mit Messer und Gabel fein säuberlich abschneiden und Bissen für Bissen in den Mund führen? Sorry, Leute! Zu – viel – Hunger! Gut, dass es die Pizzeria 6611 gibt, wo Sie nicht nur Pizzen serviert bekommen, die mit bis zu 60 cm Durchmesser zu den größten der Stadt zählen, sondern auch gleich die passende Schere. Damit kriegen sie Teig und Belag schnell und dennoch ordentlich geschnitten und dann nichts wie ab in die Luke damit!

➔ PIZZERIA 6611

Ginnheim | www.pizza6611.com | Mo–Sa, Fei ab 17 Uhr | Am Mühlgarten 2 | Tel. 069 95 11 76 62

TURMHOHE BURGER UND DICKE POMMES

Für den großen Hunger brauchen Sie jetzt erst mal ein ordentliches Steak. Die gibt es besonders lecker seit Ende 2016 vom … ähhh … beim Guten Bullen auf der Berger Straße. Dazu kommt eine Riesenauswahl an reichlich belegten Burgern und selbst gemachten Pommes. Worauf warten Sie? Hauen Sie rein!

➔ GUTER BULLE

Bornheim | www.guterbulle.de | Mo–Do 12–22, Fr–Sa 12–22.30, So 13–22 Uhr | Berger Str. 154 | Tel. 069 90 75 37 12

HÄPPCHEN FÜR HÄPPCHEN

Von wegen, von Sushi wird man nicht satt. Alles eine Sache der Menge! Wie wär's denn bei der nächsten Heißhungerattacke mit einem Ausflug zum All-You-Can-Sushi? Bis zu 50 Sorten der japanischen Häppchen fahren im Sushiedo gleichzeitig frisch zubereitet übers Karussell, von dem sich die hungrigen Gäste bedienen. Mittags kostet das Gesamtpaket 14,90 Euro, abends 19,90 Euro.

➔ SUSHIEDO

Bahnhofsviertel | www.sushiedo.de | Mo–Fr 11.30–23, Sa 13–23, So 16–22 Uhr | Taunusstr. 50 | Tel. 069 56 99 98 69
City | Mo–Fr 11–22, Sa 13–22 Uhr | Stiftstr. 9–17 | Tel. 069 13 38 84 64

LUST AUF KÄNGURU?

Warum um alles in der Welt vermitteln die Medien immer wieder das Gefühl, in Down Under leben fast ausschließlich Surfer und Cowboys mit Waschbrettbauch? Bei dieser Küche? Anschaulich vorgeführt wird dieser Widerspruch im Australian Diner Kakadu's im Bahnhofsviertel. Wahrscheinlich haben Sie mit den BBQ-Gerichten sowie Burgern und Wraps mit Känguru- und Rindfleisch eine Weile zu kämpfen, im Falle des XXL-Burgers mit 500 g Fleisch möglicherweise sogar noch Stunden nach dem Essen.

➔ KAKADU'S

City | www.kakadus-frankfurt.de | tgl. 9–2 Uhr | Kaiserstr. 65 | Tel. 069 23 28 80

AUF IN DEN KAMPF, KAMERADEN!

Lust auf ein richtiges Rittermal? Ein Ort, der Sie zumindest in die rechte Stimmung dazu bringt, ist der große Gewölbekeller im Ginnheimer Traditionsrestaurant Zum Adler. Typische Balkangerichte wie Cevapcici und *pljeskavica* stehen als kleine und große Portionen auf der Karte. Ein besonderes Highlight für die Gruppe ab vier Personen ist das Dschingis-Khan-Schwert mit Hack-, Schweine- und Rumpsteaks, die Ihnen brennend serviert werden. Also, Schwerter zücken und auf in die Schlacht!

➔ ZUM ADLER

Ginnheim | www.zumadler.net | tgl. 11.30–0.30 Uhr | Ginnheimer Hohl 2a | Tel. 069 52 09 81

SPANFERKEL AM BERG

Heute könnten Sie ein ganzes Schwein verdrücken? Okay, dann fragen Sie in der Kastanie nach, ob für Sie und Ihre Freunde noch ein oder mehrere Spanferkel übrig sind. Die gibt es hier auf Vorbestellung mit 11 bis 14 kg vom Holzkohlegrill, ebenso das ganze Lamm. Aber auch der kleinere große Hunger wird hier problemlos gestillt. Mit Riesenburgern sowie Steaks und Schnitzeln bis 600 g in der XL-Version.

➔ ZUR KASTANIE

Frankfurter Berg | www.zur-kastanie.com | Di–Sa 17–23, So 12–22 Uhr | Ginsterweg | Tel. 069 90 54 80 67

DAMIT ES BESSER RUTSCHT ...

Ein Ort in der City mit eigener Hausbrauerei und großen Portionen? Klar gibt es den! Bei den 12 Aposteln wird traditionell selbst gebraut, auf der Karte steht eine großartige Mischung aus regionaler und Balkanküche, und bei den Portionen ist von klein bis riesig alles dabei. Und noch dazu ist das Lokal mit seiner rustikalen Inneneinrichtung und den Steinwänden vor allem eines: urgemütlich!

➔ ZU DEN 12 APOSTELN

City | www.12aposteln-frankfurt.de | tgl. 11.30–1 Uhr | Rosenbergerstr. 1 | Tel. 069 28 86 68

Futtern wie ein Mönch

Bei den 12 Aposteln hätte es auch Luther geschmeckt

BIKINI-FOOD

Schön, schlank und trotzdem satt

JAPANISCHE HÄPPCHEN

Keine Frage: Im 2016 eröffneten kleinen Bruder des Innenstadt-Klassikers Iimori kann man sich auch so richtig schön vollfressen. Dennoch eignen sich die Köstlichkeiten im japanischen Restaurant auf der Mainzer Landstraße auch für all jene, die gerade Kalorien zählen. Auf den Tisch kommen neben Sushi und Salaten auch *gyoza*, hausgemachte japanische Teigtaschen mit verschiedenen Füllungen.

➔ IIMORI GYOZABAR

Gallus | www.iimori-gyozabar.de | Mo–Fr 11–15, 17–21.30, Sa 12–15, 17–21.30 Uhr | Mainzer Landstr. 125 | Tel. 069 26 48 65 77

HIER ROLLEN NUR DIE WRAPS

Schauen Sie Ihrem Essen auch immer gern beim Entstehen zu? Wie wäre es dann mit einem Spaziergang zum nächsten Stones, wo Sie sich ein leckeres kalorienarmes Sandwich oder einen frisch zubereiteten Wrap genehmigen? Was vor Ihren Augen an Zutaten darin landet, bestimmen allein Sie. Zwar gibt es etliche Menüvorschläge auf der Karte, bei denen die verschiedensten Kombinationen in unterschiedlichen Broten verschwinden, die Mitarbeiter machen aber auch gern individuelle Wünsche wahr!

➔ STONES

Bahnhofsviertel | www.stonesfood.com | Mo–Fr 7.30–19 Uhr | Kaiserstr. 34 | Tel. 069 24 00 49 16
Ostend | Mo–Fr 7.30–18, Sa 9–15 Uhr | Hanauer Landstr. 125 | Tel. 069 94 94 77 84

VITAMINBOMBE ZUM AUSLÖFFELN

Nehmen Sie den Kollegen, der immer Kalorien zählt und dabei jammert, dass eine Suppe ihn aber nicht satt macht, einfach mit ins Suppengrün. Hier stehen täglich fünf Suppen und Eintöpfe aus saisonalen Zutaten auf der Karte, mal ausgefallene Mischungen wie Sellerie-Birne, mal Klassiker wie Kartoffel- und Bohnensuppe. Und sollte Ihnen nach der Schale doch noch der Magen knurren, genehmigen Sie sich, wenn der Kollege weg ist, zum Nachtisch noch frische Quiche.

➔ SUPPENGRÜN

Bornheim | www.suppengruen-frankfurt.de | Mo–Fr 11.30–16, Sa 12–16 Uhr | Berger Str. 26 | Tel. 069 44 20 98

Leichte Kost

Das Auge isst mit im Suppengrün

KNOLLEN AUS DEM OFEN

Gesucht wird ein eher kleines Gericht, das satt macht, lecker schmeckt und möglichst nicht auf den Hüften kleben bleibt. Was halten Sie denn von einer schönen Ofenkartoffel? Ist zwar nicht das Maximum an Low-Carb, aber dennoch eine nette Abwechslung zu Salat, Smoothie und Co. Die Knolle können Sie im Salädchen in Bockenheim auch per Vornamen bestellen: Da gäbe es die Vegane Vroni, die Helle Hilda und die Kräftige Karla … Natürlich können alle, die es mit der Diät ganz genau nehmen, auch aufs Salatbuffet ausweichen.

➔ SALÄDCHEN

Bockenheim | www.salaedchen.com | Mo–Do 10–20, Fr 10–18 Uhr | Bockenheimer Landstr. 43 | Tel. 069 24 44 95 55

KALORIENTABELLE TO GO

Ach, wie schön wäre es, sich einfach fit zu essen. Funktioniert nur leider nicht. Aber sicher haben Sie für Ihren Abnehmplan schon die perfekte Sportart gefunden und können sich voller Energiehunger ans Kalorienzählen machen. Ein Ort, wo die in der Karte fast prominenter aufgeführt sind als der Preis, ist das Fit Kitchen. Hier gibt es Burger ab 378 kcal, in Heißluft frittierte Pommes für 219 kcal und Wraps ab 347 kcal.

➔ FIT KITCHEN

City | www.fit-kitchen.de | Mo–Do 11.30–22, Fr–Sa 11.30–23, So 13–22 Uhr | Toengesgasse 11 | Tel. 069 92 03 97 84

SALAT DIY

So eine große Schüssel Salat ist für Sie gerade die perfekte Mahlzeit? Nichts wie auf ins Heidi & Paul in der Innenstadt, wo sie sich den Inhalt dieser Schüssel mit Zettel und Stift am besten selbst zusammenstellen. Zur Auswahl stehen neben den klassischen Salatzutaten Artischocken, Kichererbsen, Nachos und gegrillte Austernpilze. Dazu eins von zwölf frischen Dressings und fertig ist der Traumsalat.

➔ HEIDI & PAUL

City | www.heidiundpaul.de | Mo–Sa 11–21 Uhr | Meisengasse 12 | Tel. 069 29 72 98 28

Kill die Kilos!

Kaumuskel trainiert? Nun folgt der Rest!

WASSERSCHLITTEN MIT MUSKELANTRIEB

Na, mal wieder zu tief in den Eisbecher geschaut? Trainieren Sie die Kalorien doch einfach auf dem Main ab! Sonnencreme und Mütze eingepackt? Prima! Dann sammeln Sie Ihre Freunde ein, mieten einige Tretboote und liefern sich ein Rennen den Main entlang. Bei zu großer Erschöpfung können Sie sich vom Verlierer ja direkt auf den nächsten Eisbecher – oder einfach einen stärkenden, kaloriensparenden Smoothie – einladen lassen.

➔ TRETBOOTVERLEIH

Hanau | www.aquafun.de | bei gutem Wetter Mo–Sa 14–18 Uhr, So, Fei 10–19 Uhr | 15 Euro/Std. | Philippsruher Allee/An der Kinzigmündung | Tel. 06101 10 11

KALORIENINTENSIV KLETTERN

Der derzeitige Lieblingssport Ihrer Clique: in der Stammkneipe Biergläser stemmen und gemeinsam darüber jammern, wie die Kilos auf der Waage weiter steigen. Versuchen Sie's stattdessen mit Bouldern! Dabei erklimmen Sie bis zu 4 m hohe Wände, ungesichert, aber mit dicken Matten am Boden. Alles, was Sie brauchen, ist bequeme Kleidung und Lust, etwas Neues auszuprobieren. Nach einigen Stunden an der Wand gönnen Sie sich hier ihr Feierabendbier. Mit schweren Armen und ohne schlechtes Gewissen!

➔ BOULDERN

Preungesheim | www.boulderwelt-frankfurt.de | Mo–Fr 10–23, Sa, So 8–23 Uhr | ab 9,90 Euro | August-Schanz-Str. 50 | Tel. 069 95 165 60

Bornheim | www.dynochrom.de | Mo 15–23, Di–Fr 10–23, Sa 9–23, So 9–21 Uhr | ab 9 Euro | Flischstr. 45 | Tel. 069 40 80 27 70

AHOI, IHR SEEBÄREN!

Der nächste Surfurlaub in Portugal lässt mal wieder auf sich warten. Deshalb trainieren Sie Ihre Balance vor der eigenen Haustür auf dem Main. Statt Wellen bringen Sie sich beim Stand-up-Paddeln mit eigener Muskelkraft vorwärts. Für Einsteiger gibt's für 50 Euro einen zweistündigen Anfängerkurs, in dem Sie die Grundtechniken lernen.

➔ STAND-UP-PADDELN

Sachsenhausen | www.sup-verein.de | Termine und Treffpunkte auf der Website | Tel. 0179 6 91 01 64

STREET WORKOUT

»So ein Trimm-Dich-Pfad hält fit«, hat schon Oma Trude immer gesagt. Und die ist immerhin stolze 97 geworden. Also: Rein in die Sportklamotten und ab in den Hafenpark! Hier gibt es neben vielen Fitnessgeräten den größten Skatepark der Stadt. Vielleicht treffen Sie ja auch eine der zahlreichen Calisthenics-Gruppen, die Ihnen zeigt, wie man Sportgeräte und Klimmzugstangen nutzt, um so richtig fit zu werden. Also richtig richtig! Die 97 von Oma Trude knacken sie so im Handumdrehen!

➔ SPORTBAND AM HAFENPARK

Nordend | www.frankfurt.de | Oeder Weg 15

AUF DIE KUFEN, FERTIG, LOS!

Für sportliche Aktivitäten draußen ist es Ihnen eigentlich zu kalt. Schnallen Sie sich die Schlittschuhe an und – huiiiii – ab ins Vergnügen. Was gibt es Schöneres, als sich auf dem Eis fit und noch dazu warm zu halten, denn Schlittschuhlaufen ist auch ohne doppelten Rittberger ganz schön anstrengend.

➔ EISSPORTHALLE

Bornheim | www.eissporthalle-ffm.de | Sept.–Anfang Herbstferien u. Ende März–Mitte April tgl. 9–12, 15–17.30, 20–22.30, Anfang Herbstferien–Ende März tgl. 9–22.30 Uhr | 4–7 Euro | Am Bornheimer Hang 4 | Tel. 069 21 23 93

VOLL GESUND

... und schmeckt auch noch

VEGETARISCH NACHGEKOCHT

Gesund essen gehen, ist ja schön und gut, geht mit der Zeit aber auch etwas ins Geld. Na, dann suchen Sie sich doch ein Stammrestaurant, in dem Sie nicht nur tolles vegetarisches Essen genießen, sondern auch lernen können, wie's gemacht wird. Im Beetroot können für Kleingruppen Kochkurse zu bestimmten Schwerpunkten gebucht werden. Trommeln Sie doch einfach mal ein paar Freunde zusammen, probieren Sie's aus und holen sich die Insidertipps so gleich vom Fachmann!

➔ BEET ROOT

City | www.naschwerkstatt.de | Mo–Sa 11–18 Uhr | Alte Gasse 27 | Tel. 069 94 98 60 44

FRISCH IN DIE TÜTE

Am liebsten würden Sie heute ganz gemütlich auf der Couch liegen bleiben. Aber der Kühlschrank ist leer und der Magen knurrt. Was bestellen? Wenn das Zeug nur nicht alles so ungesund wäre. Eine Lösung Ihres Problems nennt sich What the Food! Sie wählen über die App des Start-ups zwischen Salaten, Wraps, Green Smoothies, Eintopf- und Nudelgerichten, die frisch für Sie zubereitet werden.

➔ WHAT THE FOOD!

Bahnhofsviertel | www.what-the-food.de | vor Ort Mo–Fr 8–20.30, Sa, Fei 10–15 Uhr, Lieferung Mo–Fr 11.30–20.30, Sa 11.30–15 Uhr | Kaiserstr. 49 | Tel. 069 96 75 37 62

Vegan verführt

Greenfoody – weil Essen Spaß machen soll

HEUTE GIBT'S GRÜNEN SPARGEL MIT ROTEN BEEREN ...

Mal in veganer Runde ausgehen, um sich so richtig überraschen zu lassen? Dann landen Sie zwangsläufig im Chimichurri mit seiner kleinen, aber kreativen Tageskarte, auf der die Gerichte täglich anders sind. Dem veganen Bistro geht es vor allem um die Nachhaltigkeit seiner Speisen, darum wird mit saisonalen Zutaten gekocht und auch mal ganz frech experimentiert. Begeben Sie sich zwischen exotischen Gemüsesuppen, Flammkuchen und Langos auf Ihre ganz eigene vegane Weltreise.

➔ CHIMMICHURRI

Bornheim | www.chimichurri-frankfurt.de | Di–Fr 18–23, Sa 18–24, So 10–23 Uhr | Im Prüfling 63 | Tel. 069 13 82 52 99

BASTELSET AUS DEM WOK

Irgendwelche Gründe muss es ja haben, dass Menschen in Asien weniger zu Übergewicht neigen, als – sagen wir – in den Vereinigten Staaten. Einen davon demonstriert etwa die Karte des Seoulfood, wo frische Kombinationen aus Gemüse, Reis, Fleisch und Fisch in der Pfanne – oder besser im Wok – landen. Auch Veganer haben viele Möglichkeiten, sich das koreanische Traditionsgericht *bimimbab* zusammenzustellen. Das besteht hauptsächlich aus vier Zutaten: Gemüse, Reissorte nach Wahl, Topping aus Tofu, Fisch oder Fleisch und leckere Saucen.

➔ SEOULFOOD

City | www.seoulfood.eu | tgl. 11–22 Uhr | Weserstr. 17 | Tel. 069 20 16 86 45

BURGERGLÜCK HOCH X

Warum sich mit einem einfachen und noch dazu matschigen Hamburger zufriedengeben, wenn es gefühlte 100 Möglichkeiten gibt, sich sein Traumessen zusammenzustellen? Allein sieben Bratlinge stehen auf der Karte des Wiesenlust, dazu 14 verschiedene Kombinationen aus Saucen und Belag – vom Rotkohl-Apfel-Salat über grünen Salat und Tomaten, bis hin zu gegrillter Banane mit Ahornsirup. Das Beste an Ihrem Schlemmererlebnis: Alles ist selbstgemacht und noch dazu bio und vieles vegan. Und die kleine Portion macht so pappsatt, dass noch nicht mal der Kalorienrechner eine Chance hat, sich zu beklagen.

➔ WIESENLUST

Bornheim | www.wiesenlust.de | So–Do 11–22, Fr–Sa 11–23 Uhr | Berger Str. 77 | Tel. 069 90 43 64 70

ROHKOST MAL LECKER!

Sie machen ja wirklich einiges mit! Aber dieses altmodische Rohkostbuch, was Ihnen Ihre Freundin geliehen hat, sorgt nur noch für schlechte Laune. Vielleicht, weil die Rezepte nicht so cool sind wie von Experten gemacht! Lassen Sie sich doch mal im Greenfoody von der Tatsache überzeugen, dass die Mischung aus vegan und Rohkost wirklich unheimlich lecker sein kann. Auf der Karte stehen neben Suppen, Salaten und Smoothies auch tolle Rezepte wie die Spaghetti Wolognese, Spiralnudeln aus Gurken, Zucchini oder Karotten mit frischem Walnuss-Tomaten-Pesto.

➔ GREENFOODY

Bornheim | www.frankfurt.greenfoody.de | Mo–Fr 8–20, Sa 10–18, So 11–14 Uhr | Sandweg 6c | Tel. 069 43 05 26 16

SEELEN-FUTTER

Ganz viel Trost mit Schokoguss

MANCHMAL HILFT EIN SMILEY

Die feinen Kreationen der Bockenheimer Traditionskonditorei sind doppelt süß – geschmacklich und optisch, zum Beispiel in Form einer INSIDER TIPP Smiley- oder Minions-Torte mit feiner Buttercreme, Biskuit und Marzipan. Lieber was Kleineres? Okay, nicht ganz: Denn selbst die Petit Fours sind hier ordentlich groß und natürlich ebenso reichhaltig gefüllt.

➔ CONDITOREI EUBE

Bockenheim | conditorei-eube.de | Mo–Fr 8.30–18.30, Sa 9–16 Uhr | Leipziger Str. 31 | Tel. 069 77 29 52

WILLY WONKA STOPPT DIE TRÄNEN

Dieser Laden ist schon fast eine kleine Sehenswürdigkeit: Das Süßwarengeschäft ist randvoll mit den herrlichsten Versuchungen und so märchenhaft dekoriert, als hätte Willy Wonka persönlich Hand angelegt. Der Schwerpunkt liegt auf Schokolade. In der Theke türmen sich verführerische Éclairs, Kuchen und Tartes, und im benachbarten Salon lassen Sie sich von Trinkschokoladen, Tee, Kaffee und feinster Pâtisserie trösten.

➔ BITTER UND ZART

City | bitterundzart.de | Mo–Sa 10–19, So 11–18 Uhr | Braubachstr. 14 | Tel. 069 96 86 98 16

MIT LIEBE FÜR SIE GEBACKEN

In der kleinen, feinen Manufaktur von Regina Graff werden alle Köstlichkeiten in Handarbeit mit höchstem Qualitätsanspruch und natürlich viel Sorgfalt hergestellt. Und wer zum ersten Mal hier ist, der sollte unbedingt auch die französisch inspirierten INSIDER TIPP Törtchen probieren – nicht nur geschmacklich, sondern auch optisch eine Wucht! Für Graffs Brotspezialitäten gilt das Slow-Baking-Prinzip, der Teig darf also lange reifen.

➔ CONFISERIE GRAFF

Rödelheim | confiserie–graff.de | Di–Fr 8–18, Sa 8–14, So 9–13 Uhr | Reichsburgstr. 12 | Tel. 069 78 90 48 61

ZUCKERDOPING PUSHT GLÜCKSHORMONE

Megamäßige Macarons in allen erlesenen Geschmacksrichtungen und dramatisch ausschauende Desserts: Ja, bei L'Art Sucré beherrscht man sie, die hohe Kunst der Zuckerbäckerei! Von optisch hochverfeinerten Klassikern der französischen Pâtisserie à la *tarte tatin* oder *opéra* bis zur Schokoladentafel mit Karamell und *fleur de sel* fühlen sich Naschkatzen hier wie im siebten Gourmethimmel.

➔ L'ART SUCRÉ

City | lartsucre.com | Mo–Fr 10–19, Sa 10–18, So 11–18 Uhr | Große Bockenheimer Str. 25 | Tel. 069 91 31 84 80

TRÖSTERPOTENZIAL

Seit mehr als 40 Jahren stellt Familie Spadotto ihre beliebten Eissorten selber her, für viele das beste Eis der Stadt. Sobald die Eisdiele mit Bella-Italia-Flair die Saison ausruft, sind die Schlangen da – zumindest für die Kugel zum Mitnehmen. Aber Sie dürfen sich heute bequem hinsetzen und gleich einen ganzen Becher gönnen! Nach einem Spaghettieis mit Smarties, Nougat oder Kiwi sieht die Welt doch schon wieder besser aus.

➔ EIS CHRISTINA

Nordend | www.eischristina.de | in der Saison tgl. 10–22 Uhr | Eckenheimer Landstr. 78 | Tel. 069 59 84 52

FÜR SCHOKOHOLICS

Schokolade kann es nie genug geben, stimmt's? Das findet Michi ebenfalls – und bietet den köstlichen Schmelz in seinem Schokoladenatelier in allen nur erdenklichen Varianten an – fest und flüssig, mit Chili oder Zitronengras, in Vollmilch und Zartbitter. Ein ganz besonderes Highlight: die hausgemachten Pralinentrüffel, gern mit ausgefallenen Füllungen, und die Sandwegkugel als Frankfurter Antwort auf die Mozartkugel. Im Café mit Saloncharakter kann man die Köstlichkeiten auch direkt vor Ort genießen.

➔ MICHIS SCHOKOATELIER

Ostend | michis-schokoatelier.de | Di–Fr 11–19, Sa 10–16 Uhr | Sandweg 60 | Tel. 069 40 89 80 66

Grinsebacke

Conditorei Eube lässt die Mundwinkel zucke(r)n

Dumm gelaufen

Pannendienst – gleich nebenan

HILFE, HANDTASCHEN-NOTFALL!

Handtasche kaputt? Reißverschluss am Weekender gerissen? Argh! Aber Rettung naht: In ihrer Leder- und Taschenwerkstatt arbeitet Tatjana Hagelgans das Material fachmännisch auf, entfernt Kratzer und verhilft den Lieblingsstücken wieder zu neuem Glanz. Darüber hinaus bietet sie Accessoires und Beratung rund um die Themen Leder und Handtaschen an. Und wenn die eigene Zeit knapp ist, holt der praktische INSIDER TIPP Lieferservice die kaputten Lieblinge ab und bringt sie runderneuert zurück.

T'ATELIER

Nordend | www.tatelier.de | Di–Fr 12–18 Uhr | Egenolffstr. 33 | Tel. 0171 2 61 51 56

BITTE BLUMEN – BLITZSCHNELL!

Ach, gäbe es doch einen ganz persönlichen und wirklich geschmackvollen Express-Service für Florales … für einen bunter Gruß, der garantiert frisch gebunden ist und noch heute ankommt. Aber ja, den gibt es! Zumindest innerhalb Frankfurts werden die tollen Arrangements von Sabine Bauer-Hillmann auf Wunsch zusammengestellt und am selben Tag ausgeliefert. Bestellt wird ganz bequem per Mail oder Telefon.

➔ FRANKFURTER BLUMENBOTE/ KRAUT & ROSEN

Sachsenhausen | www.frankfurter-blumenbote.de | Lieferzeiten: Mo–Fr 10–18, Sa 10–14 | Mörfelder Landstr. 129–133 | Tel. 069 61 30 11

SPONTANE GRILL-SESSIONS

Appetit auf die Lieblingswurst zu später Stunde oder am Sonntag: Bei der Frankfurter Traditionsmetzgerei gibt's auch nach Feierabend hochwertige Fleisch- und Wurstwaren, nämlich INSIDER TIPP rund um die Uhr aus dem Automaten. Das Rindfleisch stammt von Tieren aus eigener Herdenhaltung, die artgerecht und natürlich direkt in der Region aufwachsen.

➔ METZGEREI KAISER

Kalbach | facebook.de/Metzgerei-Kaiser-1653747208181275 | Kalbacher Hauptstr. 8 | Tel. 069 50 39 68

DER PARTY- UND FERNSEHABEND-RETTER

Egal, ob man tief in der Nacht noch Hunger auf eine Tiefkühlpizza verspürt oder Bier und Whiskey schneller aus waren, als die Party überhaupt starten konnte: Die Frankfurter Nachteule bringt alles, was man im Notfall eben so braucht, schnell, gegen geringe Liefergebühr und (fast) bis zum Morgengrauen. Auf Wunsch werden auch Zigaretten, Snacks und sogar Klopapier geliefert.

➔ NACHTEULE FRANKFURT

Im gesamten Stadtgebiet | www.nachteule-frankfurt.de | Di–So 20–4 Uhr | Tel. 069 13 87 45 58

ICH HAB' DIE HAARE NICHT SO SCHÖN

Bad Hair Day? Ist für Amerikanerinnern kein Thema – wenn's ernst wird, gehen sie einfach in eine Blow Dry Bar. Also quasi zum Friseur, bloß dass dort nicht geschnitten, sondern nur fachkundig geföhnt und frisiert wird. In Frankfurt haben sich Tobias Tröndle und sein Team aufs Styling für alle Anlässe spezialisiert: Glatt oder lockig, mit INSIDER TIPP Hollywood-Volumen oder eher dezent – von Bewerbungsgespräch bis roter Teppich ist hier alles drin.

➔ TOBIAS TRÖNDLE

City | www.tobiastroendle.de | Di–Fr 10–19, Sa 9–18 Uhr | Kaiserhofstr. 9 | Tel. 069 21 65 76 84

SNACK ATTACK

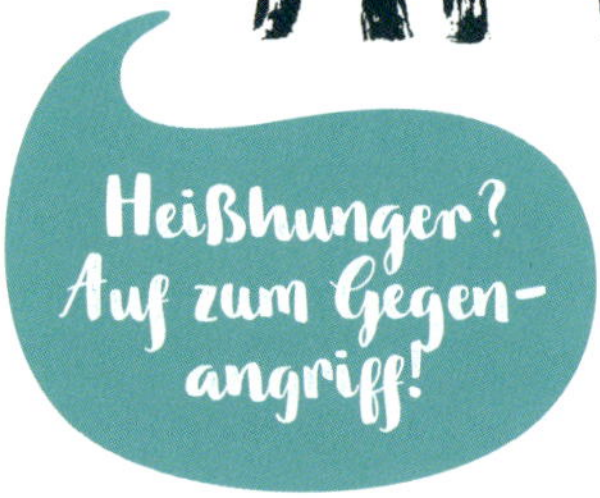

KICHERERBSEN MIT GESCHMACK

Der Name ist Programm: Die aromatischsten Falafel der Stadt werden in diesem kleinen Imbiss hergestellt, in dem die vegetarischen Bällchen im Brot mit Salat und Saucen bei gutem Wetter im Minutentakt verkauft werden. Okay, ein paar Minuten geduldet muss man sich vielleicht schon – aber die lohnen sich, versprochen!

AROMA

Nordend | aromaffm.de | Mo–Fr 11–22, So 15–22 Uhr | Oeder Weg 80 | Tel. 069 25 71 75 46

DON'T CALL IT PIZZA!

Pizza? Ja, nein, jein: Die südfranzösische und zudem etwas kleinere Variante der Pizza heißt hier Socca. Und man genießt sie am besten bei gutem Wetter auf dem belebten Trottoir – ansonsten kann man sich die außergewöhnlich belegten Teigfladen zum Beispiel mit Pulpo und Blutwurst, Bresaola und Mangold oder süß mit Obst und gesalzenem Karamell auch zum Mitnehmen ordern.

MANCINI

Bornheim | www.eat-mancini.com | Mo–Fr, So 11.45–15, tgl. 17.30–23 Uhr | Berger Str. 235 | Tel. 069 27 24 77 42

FRANKFURTS FINEST FAST FOOD

Keine Lust auf Fast Food mit viel Chichi und hippem Ambiente? Und vor allem: ordentlich Hunger, und zwar sofort? Das absolute Original in Sachen Burger, Pommes und Currywurst gibt's in Niederrad: Der Kultimbiss bewirtet seine Gäste seit rund 40 Jahren – und viele, die einmal da waren, kommen immer wieder. Weil's lecker ist, die Portionen anständig sind und vielleicht auch, weil Dresscode und Bad Hair Days hier wirklich niemanden interessieren. Und weil das Team mit seiner mehrfach ausgezeichneten Imbissküche den Beweis liefert, dass Fast Food richtig gut sein kann.

DER KULTIMBISS

Niederrad | www.derkultimbiss.de | Mo–Fr 11–20 Uhr | Melibocusstr. 35 | Tel. 069 67 36 00

Widerstand zwecklos

Hände wieder runter, denn die brauchen Sie zum Essen im Mancini

LECKER. SEEEEHR.

Im Aroydee (übersetzt »sehr lecker«) gehen thailändische Spezialitäten über die Theke. Dass die Küchenchefin und Inhaberin Bunrung Wojciech mit allen Wassern gewaschen und mit allen Facetten ihrer Heimatküche vertraut ist, zeigt sich in der vielfältigen Speisekarte. Ihre Erfahrung im Umgang mit exotischen Gewürzen und Aromen schmeckt man in den hausgemachten Currys.

➔ **AROYDEE**

City | aroydee.de | Mo–Do 11–22, Fr, Sa 11–23, So 14–22 Uhr | Stiftstr. 34 | Tel. 069 29 72 36 36

TUTTO PERFETTO!

Die vermutlich älteste Pizzeria Frankfurts ist ein echter Joker: quasi immer geöffnet, wenn man Lust auf Pizza und Pasta verspürt, einfach und lecker, extrem unkompliziert. Und die Pizzabäcker sind fast immer gut drauf. Einfach vor Ort zum Mitnehmen bestellen, anrufen und liefern lassen – oder mit einem Gläschen *vino* im kleinen Restaurant genießen.

➔ **PIZZERIA DA CIMINO**

Bockenheim | www.dacimino.de | tgl. 11–1 Uhr | Adalberstr. 29 | Tel. 069 77 11 42

DIE GANZE BURGER-FAMILIE

Dieser Burgerladen ist perfekt für alle, die danach noch was vorhaben. Nicht nur wegen der verkehrsgünstigen Lage (U-Bahn quasi direkt vor der Tür), sondern auch wegen der ausgehgeeigneten Portionen: Die belegten Brötchen werden in normaler und kleinerer Portion angeboten, bei wirklichem Mini-Appetit greift man zu den drei Babyburgern. Extras kosten extra, dafür ist der Grundpreis mehr als fair.

➔ **BURGERBABY**

Nordend | www.burgerbaby.de | Mo–Do 12–22, Fr, Sa 12–23, So 12–21 Uhr | Höhenstr. 24 | Tel. 069 15 34 32 72

LOKALE LOKALE

So isst Frankfurt

FÜR REGIO-GOURMETS

Der kleine Bruder vom Weinsinn hat die Herzen nicht nur der lokalen Gourmets im Sturm erobert. Das Geheimrezept: regionale Zutaten, eine gewollt reduzierte Karte und die Raffinesse echter Könner, die das Ganze zu einem stimmigen Gesamterlebnis werden lässt und hierfür auch gleich mit einem Michelin-Stern ausgezeichnet wurde. Das Ambiente mit seinem zurückgelehnten Vintage-Mobiliar setzt dem Ganzen die Krone auf. Deshalb: hingehen! Und wiederkommen.

➔ GUSTAV

€€€ | Westend | www.restaurant-gustav.de | Di–Fr 12–14, Di–Sa ab 18.30 Uhr | Reuterweg 57 | Tel. 069 74 74 52 52

EINMAL SCHLACHTPLATTE, ABER GEMÜTLICH

Eine Reservierung ist (fast) obligatorisch: Da die Apfelweinwirtschaft bei Einheimischen und Touris gleichermaßen einen Stein im Brett hat, sollte man trotz der fast 500 Plätze einen Tisch sichern. Hier herrscht seit Gründung des Familienbetriebs im Jahr 1893 Bornheimer Gemütlichkeit, und die Grüne Sauce gehört zu den besten der Stadt. Besonders zu empfehlen: das Bernemer Schnitzel, der gefüllte Riesenkloß und zum Nachtisch hausgemachten Schokopudding.

➔ SOLZER

Bornheim | www.solzer-frankfurt.de | im Sommer Mo–Sa 16–24, So 12.30–22, sonst Mo–Fr 17–24, Sa 15–24, So 12.30–22 Uhr | Berger Str. 260 | Tel. 069 45 21 71

APFELWEIN ALTERNATIV

Das legendäre Klabunt, Stammkneipe der TITANIC-Redaktion, musste leider dem Bagger weichen. Aber die Freunde von Apfelwein, Satire und Schnaps können aufatmen: An dessen Stelle ist nun das Henscheid getreten. Außer Namen und Ort hat sich glücklicherweise nichts geändert. Das Lokal – benannt nach dem Frankfurter Satiriker Eckhard Henscheid – steht für regelmäßige Lesungen, leckere Küche und heimeliges Ambiente. Besonders mhhh (neben allem anderen): das INSIDER TIPP Quitten-Rahmschnitzel und die sehr kreativen Interpretationen von Grüne-Sauce-Pesto und Co.

➔ HENSCHEID

Bornheim | facebook.com/HenscheidFFM | tgl. ab 18 Uhr | Mainkurstr. 27 | Tel. 069 43 05 18 88

Geschmack-voll

Heimat auf der Zunge, Gustav hat den Dreh raus

LOKALE SZENEGRÖSSE

Lokale Küche ja, aber nicht die klassische Ebbelwoi-Kneipe? Dann hier entlang: Seit 1978 schon ist das Restaurant im Nordend ein ständiger Treffpunkt der Frankfurter Kultur-, Schwulen- und Politszene. Inzwischen kommt die ganze Nachbarschaft. Längst hat man sich im Größenwahn vom einstigen »Schnitzel mit schrecklicher Sauce« emanzipiert und kocht auf konstant hohem Niveau: Lokales, Regionales, aber je nach Tageskarte auch mal ein Thai-Curry.

➔ CAFÉ GRÖSSENWAHN

Nordend | www.cafe-groessenwahn.de | tgl. 16–1 Uhr | Lenaustr. 97 | Tel. 069 59 93 56

DINNERN WIE DAMALS

Direkt neben Michi Herls legendärem Theater, der Stalburg, befindet sich die gleichnamige Wirtschaft. Dort ist die Zeit vor etlichen Jahrzehnten stehengeblieben, und überhaupt ticken die Uhren in einem anderen Takt: Das Ambiente ist urig, die Wirtsleute haben Persönlichkeit und die überschaubare Karte mit Kleinigkeiten und ausgewählten warmen Gerichten erinnert an eine Zeit, in der das Dinner noch Abendbrot hieß. So kann man hier mühelos ein paar Stündchen verstreichen lassen und die Atmosphäre aufsaugen, bevor man wieder in die Jetzt-Zeit katapultiert wird.

➔ ZUR STALBURG

Nordend | Mo–Sa 17–1, So 16–1 Uhr | Glauburgstr. 80 | Tel. 069 55 79 34

Unter Hessen

Wie zu Hause, nur besser ausgeschildert: Apfelwein Dax

GRIE SOSS' IM GRÜNEN

Das Mosebach ist ein Apfelwein-Klassiker, aber eben auch noch ein bisschen mehr: zum Beispiel eine der schönsten Gartenwirtschaften im Stadtgebiet (und innen ebenso gemütlich). Außerdem kredenzt man hier zum Tafelspitz neben dem obligatorischen Ebbelwoi hervorragende Winzerweine in feiner Auswahl. Und um das Schlemmern perfekt zu machen, wartet auch die Desserkarte mit einigen besonderen Highlights auf. Köstlich!

➔ **MOSEBACH**

Ostend | www.mosebach-gaststaette.de | tgl. 17–23 Uhr | Sandweg 29 | Tel. 069 4 93 03 96

URIG, ABER OHNE TOURISTENHORDEN

Willkommen in der warmherzigen Behausung vom Dax: eine bodenständige Apfelweinkneipe in der Nähe des legendären Ausgehviertels – aber eben in angemessener Distanz. Die Speisekarte ist traditionell hessisch, die Tagesempfehlungen immer wieder lecker und günstig und der Service schön unkompliziert. Im Sommer mit hübschem Innenhof, im Winter inmitten der zauberhaften Schildersammlung im Gastraum.

➔ **APFELWEIN DAX**

Sachsenhausen | www.apfelwein-dax.de | tgl. 12–24 Uhr | Willemerstr. 11 | Tel. 069 61 64 37

GUTES STÖFFCHE

Liebe Schobbebrüder und -schwestern, eure Gebete werden hier erhört: Mitten im Bermuda-Dreieck Alt-Sachsenhäuser Apfelweinlokale wartet dieses Kleinod auf trinkfreudige (und hungrige!) Gäste. Neben der einschlägigen Auswahl gut gekelterter Getränke gibt's ein nettes Team, ein natürlich uriges Ambiente und die bewährte gutbürgerliche Küche, die man hier genau so erwarten würde.

➔ **EBBELWOI UNSER**

Sachsenhausen | facebook.com/Ebbelwoi-Unser-Apfelweinwirtschaft-1484534501869068 | tgl. 17–24 Uhr | Abtsgässchen 8 | Tel. 069 97 76 06 85

FRÄNKISCH, HESSISCH, ESSISCH

Ebbelwoi trinken in einer Fernseh-Kulisse: Auch dafür hat Frankfurt die passende Adresse: Im Blauen Bock führte nämlich einst TV-Ikone Heinz Schenk mit hessischem Humor durch die Sendung. Schon zu Aufzeichnungszeiten war das Lokal, das 2012 sein 100-jähriges Bestehen feierte, ein Urgestein. Neben gewohntem Ebbelwoi zum Frankfurter Schnitzel gibt's hier aber auch mal ein fränkisches Landbier – auf gute Nachbarschaft und weil man die Sache mit der hessischen Karte nicht ganz so streng nimmt.

➔ **GASTSTÄTTE WEIDA IM BLAUEN BOCK**

Bornheim | tgl. 17–23 Uhr | Saalburgstr. 36 | Tel. 069 45 35 36

ECHT EXOTISCH

Sieht komisch aus, schmeckt aber super

CASUAL KOREAN DINING

Traditionelle koreanische Küche mit *bulgogi* oder *bibimbap*, gemütlicher Minimalismus mit viel Holz rundherum (Rotkiefer!) und der rechte Schuss Hipstertum. Dazu gibt's gratis köstliche Kleinigkeiten, zum Beispiel vergorenes Kimchi-Gemüse oder Lotuswurzel. Und, wer mag: gute, stilecht dekorierte Longdrinks. INSIDER TIPP Reservieren ist fast obligatorisch, allein oder zu zweit findet man aber vielleicht auch an der Theke noch Platz.

➔ **SONAMU**

Bornheim | Di–So 12–23 Uhr | Berger Str. 184 | Tel. 069 90 43 72 50

DER NORDEND-VIETNAMESE

Der Beweis, dass Nachbarschaftslokal auch in stilvoll geht? Gern: Im Vipho ist es zwischen kunstvoll gefrästem Kirschholz wunderbar behaglich, dazu genießt man vietnamesische Klassiker wie das Nationalgericht *phó*, milde Currys und Sommerrollen. Ein perfekter Ort für alle Fälle – egal, ob man mit Besuch, zu zweit oder ganz allein unkompliziert gut essen gehen möchte.

➔ **VIPHO**

Nordend | www.vipho.de | Mo–Do 12–14.30, 17.30–23, Fr 12–14.30, 17.30–24, Sa 12–24, So 12–23 Uhr | Oeder Weg 21 | Tel. 069 55 67 46

TAUSENDUNDEINE KÖSTLICHKEIT

Sie denken bei der berühmten Märchensammlung aus dem Morgenland vor allem an Kitsch? Das muss nicht sein: Orientalische Köstlichkeiten, Reis, Fleisch und Gemüse aus der Tajine serviert das El Amara in puristisch-elegantem Ambiente. Exotisch, schlicht und lecker, die perfekte Kombi für einen schönen Abend!

➔ **EL AMARA**

Sachsenhausen | www.elamara-restaurant.de | Di–Do, So 18–1, Fr, Sa 18–2 Uhr | Wallstr. 22 | Tel. 069 95 01 48 74

Auf die Finger geschaut
Ihr Koch im Kabuki hat was auf der Platte

GHANAISCH, KÖSTLICH, GUT

Mal eben auf einen anderen Kontinent springen: Das Kenkey House tischt in großen Tonschalen landestypische Spezialitäten aus Nigeria und Ghana auf. Viele Gäste sind afrikanischer Herkunft, die Speisekarte ist auf Englisch, aber Inhaberin Abena Addoquaye erklärt ihren Gästen gern alles ganz genau. Zu Hähnchen oder Fisch kommen beispielsweise Maismehlklöße und *fufu*, ein fester Brei aus Maniokknollen, auf den Teller. Unbedingt probieren: INSIDER TIPP die leckeren Säfte und das Palmbier!

➔ KENKEY HOUSE

Sachsenhausen | facebook.com/KenkeyHouse Frankfurt | Mo 17–1, Di–So 13–1 Uhr | Gartenstr. 167 | Tel. 069 24 24 62 03

YAKI? YIPPIE!

Wenn's japanisch und besonders sein darf, bitte hierher: Das Kabuki gilt seit Jahrzehnten als Frankfurts bestes Restaurant für *teppan yaki*, also jene Gerichte, die auf einer heißen Stahlplatte direkt am Tisch zubereitet werden. Man sitzt um das brutzelnde Kochfeld und schaut zu, wie der Profi aus frischen Zutaten exklusive Fleisch- und Fischgerichte zaubert. Absolutes Muss dazu: ein erlesener Sake aus der hervorragend sortierten Karte. Und danach: eine ausgefallene Dessertvariation, zum Beispiel INSIDER TIPP gebratenes Eis oder Eis mit Matcha!

➔ KABUKI

Bahnhofsviertel | www.kabuki-restaurant.com | Mo–Fr 12–15, 18–24, Sa, So 18–24 Uhr | Kaiserstr. 42 | Tel. 069 23 43 53

Schmoren lassen

Sie wollen das Geheimnis der äthiopischen Küche lüften? Im Demera kein Problem!

TAFELN WIE EIN MAHARADSCHA

Wer indisches Essen ebenso zu schätzen weiß wie, sagen wir mal, ein mehr als üppiges Dekor, für den ist dieses Restaurant ein Muss: Kein Schnörkel war den Inhabern zu viel, kein Blau-Weiß-Silber zu üppig. Man thront auf reichlich verzierten Stühlen mit riesiger Lehne, und von oben leuchtet der Kristalllüster. Auf den Tisch kommt Gutes aus der Küche und gern direkt aus dem Tandoor-Ofen. Leider muss man den Maharadscha-Palast dann irgendwann wieder verlassen, glückselig und vollgestopft.

➔ TAJ MAHAL

Sachsenhausen | www.tajmahal-restaurant.de | tgl. 11.30–14.30, 18–23.30 Uhr | Schweizer Str. 28 | Tel. 069 62 02 40

AFRIKANISCHES DSCHUNGEL-FEELING

Das äthiopische Restaurant hat die Sache mit der Einrichtung bravourös gemeistert: Statt der üblichen Deko-Klischees wurden hier einfach Fototapeten mit herrlich dunklem Dschungelgrün aufgebracht, und zwar großflächig. So genießt man die köstlichen Schmorgerichte auf dem fluffigen *injera*-Brot in außergewöhnlichem Fotogrün. Zu finster? Dann finden Sie sicher auch im helleren Gastraum noch ein passendes Plätzchen (und bei der Reservierung: einfach den Wunschraum angeben!).

➔ DEMERA

Nordend | www.demera-frankfurt.com | Mo–Fr 17–23, Sa 17–1, So 15–23 Uhr | Holzhausenstr. 77 | Tel. 069 95 64 51 58

CHINA FÜR ENTDECKER

Wuah! Wer sich auch kulinarisch gern ins Abenteuer stürzt, der muss hierher kommen. Im Pak Choi ist »authentisch« nämlich mehr als ein Werbeslogan. Hier wird die aromatische Küche Nordchinas zelebriert, ohne falsche Rücksicht auf den westlich geprägten Geschmack. So findet man neben bekannteren Gerichten auch Spezialitäten wie Innereien, Klebdampfnudeln oder Quallen. Doch keine Panik: Weniger Mutige orientieren sich einfach an der bebilderten Karte oder fragen, was auf dem Nachbartisch so köstlich ausschaut.

➔ PAK CHOI

City | www.restaurant-ding.de | Mo–Fr, So 11.30–15, 17.30–23, Sa 17–23 Uhr | Elbestr. 12 | Tel. 069 78 98 84 18

DER NASE NACH NACH THAILAND

Erstklassige Thai-Küche, serviert in schnörkelloser Umgebung: Taptim Taphoonyanuch möchte die thailändische Esskultur so präsentieren, wie sie in ihrer Heimat gepflegt wird. Während die Thai-Gerichte so originalgetreu zubereitet werden, wie es in Frankfurt möglich ist, beinhaltet die Getränkeauswahl auch hessische Erzeugnisse wie den Emma-Schoppen, einen Cidre der Kelterei Stier.

➔ TAP TIM THAI

Sachsenhausen | www.taptimthai.de | Mo–Fr 12–15, 17–23, Sa, So 12–23 Uhr | Wendelsweg 85 | Tel. 069 98 95 65 61

Weltreise in Frankfurt

TOSKANA IM FRANKFURTER OSTEN

Bella Italia! Das bedeutet für Sie vor allem eines: gutes Essen aus knackfrischem Gemüse und dazu einen leckeren *vino*. Für den italienischen Kochabend mit Freunden decken Sie sich da am besten im ausgefallensten Hofladen der Stadt ein. Beliefert wird die Fattoria La Vialla nämlich wöchentlich frisch aus der Toskana von den Betreibern eines Landguts, das Frankfurter Urlauber einst für sich entdeckten und durch den Lagerverkauf quasi in die Stadt holten. Zugang gibt's nur mit der exklusiven Kundenkarte, die Sie online beantragen können.

➔ **FATTORIA LA VIALLA**

Fechenheim | www.speisekammer.lavialla.it | Di, Mi, Fr, Sa 11–20, Do 12–21, So 11–17 Uhr | Cassellastr. 30–32 | Tel. 069 42 69 41 60

DIE WELT AUF 1500 M²

Weltreiseträume sind ja schön und gut. Aber woher die Zeit nehmen? Na, dann gönnen Sie sich wenigstens zwei Stündchen in der Kleinmarkthalle. Hier reisen Sie in nur wenigen Schritten von Südtirol (feinster Schinken) über Indien (eine Riesenauswahl Gewürze) bis an die Nordseeküste (frischer Fisch). Zur Stärkung gibt's Wurststände, leckeren Wein und viele kostenlose Proben.

➔ **KLEINMARKTHALLE**

City | www.kleinmarkthalle.com | Mo–Fr 8–18, Sa 8–16 Uhr | Hasengasse 5–7 | Tel. 069 21 23 36 96

HEIMLICHE FOOTBALL-HAUPTSTADT

Gerade zu Beginn der Grillsaison packt Sie regelmäßig das Fernweh! Ihr Lieblingsreiseziel: die Vereinigten Staaten, wo Sie gern vom Burgerladen weiterziehen ins Football-Stadion zum amerikanischen Volkssport. Gute Nachrichten! In Deutschland gehört Frankfurt in Sachen American Football zu den absoluten Vorreitern. Und die Erstliga-Mannschaft der Samsung Frankfurt Universe versteht es, an Heimspieltagen ordentlich Party zu machen. American-Style, versteht sich. Schon Stunden vor dem Anpfiff gibt es vorm Volksbankstadion die legendäre Power-Party mit BBQ und Burgern.

➔ **POWER-PARTY DER SAMSUNG FRANKFURT UNIVERSE**

Bornheim | www.frankfurt-universe.de | Termine auf der Website | Richard-Herrmann-Platz 1 | Tel. 069 42 69 73 90

Wenn das kleine Fernweh kommt

RASUR GANZ ORIENTALISCH

Warum nicht mal einem Profi die Rasur in die Hand geben? Einer der coolsten Friseur- und Barbierläden der Stadt liegt im Bahnhofsviertel. Kultig, nicht nur weil hier nach bester Handwerkskunst gearbeitet und der Rasierschaum per Hand angerührt wird, sondern auch weil Flammen zum Einsatz kommen, die den Härchen am Ohr den Kampf ansagen. Dazu gibt's leckeren türkischen Tee und superfreundlichen Service.

➔ **GOLDENE SCHERE**

City | facebook.com/pages/Goldene-Schere/190459224359440 | Mo–Sa 9–20 Uhr | Münchener Str. 28 | Tel. 069 25 62 29 62

CHINA-FEELING GANZ ENTSPANNT

Sie wollen am Wochenende doch einfach nur ein bisschen Ruhe! Und was passiert? Freunde und Verwandtschaft belagern Sie mit Geburtstagsplanungen und Alltagsproblemchen, der Nachbar baut lautstark die Küche um, und auf der Straße hupt sich die Alarmanlage irgendeines Autos ins Nirvana. Zeit für einen Ausflug in den Chinesischen Garten. Der 4000 m² große Innenstadtpark ist nicht nur eine Oase der Stille, sondern auch ein absoluter Geheimtipp für alle, die gern an regelmäßigen INSIDER TIPP kostenlosen Tai-Chi-Outdoorkursen teilnehmen.

➔ **GARTEN DES HIMMLISCHEN FRIEDENS**

Nordend | www.chinaseiten.de, www.taiji-wang.de | Mo–Fr ab 7 Uhr bis Einbruch der Dunkelheit, Sa, So ab 10 Uhr | Eingang Untere Berger Str. oder Friedberger Anlage | Tel. 069 6 70 87 16

Maulstopfen 4.0

ESSEN? GEHT AUCH.

SCHAU-PLÄTZE 128
HELDEN MIT TABLETT 130
AUSSICHTSREICH 132
Bitte wenden! 134
SONNE SATT 136
WINTERHÖHLEN 139
IRGENDWIE SCHRÄG 141
HAT STYLE 144

SCHAU-PLÄTZE

Sitzen, essen, Leute gucken

GLAMOUR-QUEEN MEETS SUSHI-PURIST

Asiatische Fusion-Küche vom Feinsten, Klassiker aus China und das vielleicht beste Sushi der Stadt. Und weil das vielen schmeckt, ist es gerade abends und am Wochenende gern voll, laut – und ideal zum Leute gucken: Hier kann man für einen zweistelligen Betrag speisen, aber auch mühelos so richtig viel Geld auf den Kopf hauen. Entsprechend gemischt ist das Publikum.

➔ MORIKI

City | **www.moriki.de | tgl. 12–16, 18–23 Uhr | Taunusanlage 12 | Tel. 069 71 91 30 70**

MEIN SCHICKER FREUND MAXIE

Wem beim Gedanken an Hummer und Garnelen, Taschenkrebse und Austern schon das Wasser im Mund zusammenläuft, für den ist diese Brasserie und Oysterbar ein absolutes Muss! Neben mehrstöckigen Etagèren mit Meeresfrüchten (mhhh!) werden Klassiker vom *bœuf bourguignon* bis hin zur *soupe à l'oignon* serviert – alles in vorzüglicher Qualität, die natürlich ihren Preis hat. Und so gehoben wie das Budget zeigt sich, klar, auch das Publikum.

➔ MON AMIE MAXIE

€€€ | Westend | **monamiemaxi.mook-group.de | Mo–Fr, So 12–15, tgl. 18–24 Uhr | Bockenheimer Landstr. 31 | Tel. 069 71 40 21 21**

MEMBERS ONLY? NICHT GANZ ...

Lust auf eins der exklusivsten Restaurants der Stadt? So folgen Sie dem Ruf der Villa auf dem grünen Hügel! Im Sternerestaurant des Union International Club steht die Tischreservierung auch Nichtmitgliedern offen, wie man ausdrücklich betont. Das Ambiente ist trotzdem entsprechend gehoben und das Publikum anspruchsvoll. Als Teil der erlesenen Runde genießt man hier die regionale, raffinierte Küche des Gourmetkochs André Großfeld.

➔ VILLA MERTON

€€€ | Bockenheim | **restaurant-villa-merton.de | Bistro: tgl. 12–14, 18–22, Restaurant: Mo–Fr 18–22 Uhr | Am Leonhardsbrunn 12 | Tel. 069 70 30 33**

PASTA E PUBBLICO

Nudeln und Fleisch in riiiesigen Portionen plus randvoll gefüllte Weingläser: Das sardische Restaurant ist der Joker für alle, die Italienküche wie von der *mamma* lieben. Auch in der neuen Adresse geht es voll, laut und gesellig zu und das fast immer (deshalb unbedingt reservieren!) – somit ein genialer Schau-Platz: Vom Investmentbanker bis zum Bernemer Stammgast reicht hier das Spektrum. Die Pasta schmeckt hervorragend und die Portionen sind wie gesagt ordentlich. Wer sich gern hat, bestellt einfach einen der INSIDER TIPP Riesenteller zu zweit.

➔ NO. 16 DE LUIGI E LUANA

Bornheim | **Mo–Sa 18–1 Uhr | Löwengasse 27A | Tel. 069 46 45 91**

OPTIMALER BEOBACHTUNGSPOSTEN

Frankfurt hat nicht viele große Plätze, an denen man stundenlang sitzen und vorbeiflanierenden Passanten zuschauen kann. Umso besser, dass es den Opernplatz vor dem gleichnamigen Konzerthaus mit dem gleichnamigen Café gibt! Gerade tagsüber ist hier viel los – deshalb: Frühstück, Mittagessen oder Kaffee bestellen, genießen und Leute gucken.

➔ OPERNCAFÉ

City | www.operncafe.com | Mo–Sa 9–1, So 10–1 Uhr | Opernplatz 10 | Tel. 069 28 52 60

STERNEKÜCHE, STARPUBLIKUM

Was trägt die Dame von Welt denn heute so? Von den eleganten Gasträumen des Lafleur ist die Aussicht in den Palmengarten wunderschön – und der Blick über den Tellerrand auf die anderen, schick gekleideten Gäste höchst aufschlussreich. Das Spitzenrestaurant im Gesellschaftshaus des Palmengartens ist eine gesetzte Adresse für hochklassige Küche und inzwischen auch mit zwei Michelin-Sternen dekoriert. Chefkoch Andreas Krolik beherrscht nicht nur französisches Savoir-vivre, sondern bietet als einziger Sternekoch in Frankfurt auch ein komplett INSIDER TIPP veganes 6-Gänge-Menü!

➔ LAFLEUR

€€€ | Westend | www.restaurant-lafleur.de | Di–Sa 18.30–0, Di–Fr 12–15 Uhr | Palmengartenstr. 11 | Tel. 069 90 02 91 00

VIP-Raten

Schlendert da vorn nicht gerade Anna Netrebko am Operncafé vorbei?

HELDEN MIT TABLETT

GOURMETKÜCHE, ABER LÄSSIG

Das Menü sollte schon hochkarätig sein, aber die steife Atmosphäre darf gern zu Hause bleiben. Im Goldman Restaurant zelebriert man den modernen Gourmetgenuss. Und zu dem gehört neben der erstklassigen Küche auch der lässige, aber trotzdem perfekte Service. Hier fühlt man sich wie bei netten Freunden zu Hause – bloß, dass alles eine ganze Nummer schicker und exklusiver zugeht. Die Speisekarte wird regelmäßig aktualisiert, ein paar Klassiker und eine gewohnt großzügige Auswahl köstlichster Süßspeisen sind immer dabei. Lust auf Überraschungen? Dann bitte einmal das Chefmenü aus tagesfrisch wechselnden Zutaten!

➔ GOLDMAN RESTAURANT

€€€ | Ostend | goldman-restaurant.com | Mo–Sa 18–24 | Hanauer Landstr. 127 | Tel. 069 40 58 68 98 06

BELCANTO FOR FREE

Leckeres zum live vorgetragenen Liederreigen, wo gibt's das schon? Das Balducci ist ein klassisch-italienisches Ristorante mit definitiv außergewöhnlichem Service. Denn hier INSIDER TIPP singt der Chef noch persönlich! Zudem ist das Ambiente ebenso gemütlich wie elegant und die Karte hält von Antipasti und Nudeln bis zu Lammkotelett oder Riesengarnelen alles bereit, was man von einem guten Italiener erwartet.

➔ BALDUCCI

Sachsenhausen | www.balducci-frankfurt.com | Di–So 11.30–14.30, 17.30–23 Uhr | Oppenheimer Landstr. 49 | Tel. 069 66 40 88 61

DIE LUXUSLOCATION (IN JEDER HINSICHT)

Ein Besuch in der Hausbar ist ein absolutes Muss, nach dem Gourmetmenü oder einfach so: Der Barkeeper weiß, was er tut und berät seine Gäste gern bei der Wahl des perfekten Drinks. Die gesamte Kameha Suite glänzt gleich in mehreren Sparten: eine der schicksten Ausstattungen der Stadt, ein besonders glamouröses Publikum (Leute gucken!), ein Service, von dem man nur in den höchsten Tönen schwärmen kann – und der Geschmack des Bärlauchschaumsüppchens mit Kalbstafelspitzpraline stimmt ebenfalls.

➔ KAMEHA SUITE

€€€ | City | kamehasuite.de | Bar: Mo–Sa ab 18 Uhr, Restaurant: Mo–Fr 12–14, Mo–Sa 18–22.30 Uhr | Taunusanlage 20 | Tel. 069 4 80 03 70

ITALIEN ALLA MAMMA

Mamma mia! Wenn es dieses Lokal nicht schon gäbe, müsste man es dringend erfinden: klein und fein, urig und trotzdem elegant. Die Wände vollgehängt und auf den Tischen Köstlichkeiten nach sizilianischem Hausrezept mit ebensolchen Rotweinen. Der Service? Charmant, liebenswert, einfach perfekt! Inhaber Matteo Morreale bewirtet seine Gäste seit rund drei Jahrzehnten mit jeder Menge Herzblut.

➔ TRATTORIA I SICILIANI

Sachsenhausen | trattoriaisiciliani.de | tgl. 12–15, 18–23 Uhr | Walter-Kolb-Str. 17 | Tel. 069 61 99 33 21

DER SUSHI-SUPERGASTGEBER

Ein Kleinod authentischer japanischer Fisch-Küche, in dem der Chef seinen Gästen auf Wunsch alles genau erklärt – und auch zu Scherzen aufgelegt ist. Der Fisch ist natürlich ebenfalls von bester Qualität. Kurzum: Hier fühlen Sie sich auch als absoluter Sushi- und Sashimi-Laie sauwohl!

➔ MATSURI

Westend | facebook.com/Matsuri.Frankfurt | Di–So 18–22 Uhr | Ulmenstr. 1 | Tel. 069 71 67 87 10

OLÉ!

Der sympathische Spanier hat kein extravagantes Ambiente nötig, um seine Gäste in den Bann zu ziehen. Juan Carlos erobert die Herzen seiner Besucher im Sturm und ist das, was man einen Gastgeber aus Leidenschaft nennt. Dazu hervorragende spanische Küche mit Tapas und toller Paella inklusive Gitarrenmusik: Wetten, dass Sie gerne wiederkommen!

➔ ESPAÑITA

Sachsenhausen | www.espanita-restaurante.de | Di–Fr 12–14, 17–24, Sa 17–24, So 12–24 Uhr | Hainer Weg 9 | Tel. 069 69 59 96 69

AUSSICHTS-REICH

Über den Wolken wird das Essen wohl wunderbar sein

GRIE SOSS' MIT PANORAMA

Ja, Alpenbewohner werden darüber nur müde lächeln – aber für Frankfurter ist der Lohrberg schon ein ordentlicher Berg! Nach einer Rundum-Verschönerung ist es im hiesigen traditionsreichen Ausflugslokal mit seiner herrlichen Terrasse auch wieder ordentlich voll. An lauen Sommerabenden findet man nur mit Glück ein freies Plätzchen. Die Küche ist traditionell hessisch, der Apfelwein kommt unter anderem von der Kelterei Stier, und der Ausblick auf die City: doch, wirklich hübsch.

➔ LOHRBERGSCHÄNKE

Seckbach | **www.lohrberg-schaenke.de | tgl. 11–23 Uhr | Auf dem Lohr 9 | Tel. 069 90 47 67 85**

HIMMLISCHE HÖHE

Ja, hier muss man angesichts der Perspektive kurz mal den Atem anhalten. Denn höher als im Main-Tower-Restaurant kann man in der deutschen Skyscraper-Hauptstadt nicht speisen. Edler Fisch und bestes Fleisch, auf Wunsch ein vegetarisches Menü, dazu die Aussicht: Hoffentlich findet sich bald ein besonderer Anlass, um es sich gut gehen zu lassen! Keine Lust, so lang zu warten? Pssst: INSIDER TIPP Die Lunchkarte ist um einiges günstiger. In jedem Fall aber am besten reservieren, damit Sie die Aufzugsgebühr nicht umsonst bezahlen!

➔ MAINTOWER-RESTAURANT

€€€ | City | **www.maintower-restaurant.de | Di–Do 12–15, Fr 12–15, 18–1, Sa 18–1 Uhr | Neue Mainzer Str. 52–58 | Tel. 069 36 50 47 77**

FRANKFURTS BESTE TERRASSE

Dieser Ausblick! Wer sich rechtzeitig einen Platz in der eleganten Villa sichern konnte (nur auf Voranmeldung), wird mit grünem Palmengarten-Panorama belohnt. Bei diesem gerüttelt Maß an Exklusivität hätte das Restaurant definitiv auch einen Platz unter den »Schau-Plätzen« verdient. Genny Guadalupi und Luigi Fabbri sorgen mit hervorragender italienischer Küche dafür, dass auch auf dem Teller keine Langeweile herrscht.

➔ VILLA LEONHARDI

€€€ | Westend | **www.villa-leonhardi.com | Mi–So 12–15, Do. ab 18.30, Zeppelinallee 18, Tel. 069 7 89 88 47**

Schlemmen am Strom

Im Mainnizza aufs Wasser schauen und vom Süden träumen

RUNDUM WASSER

Es gibt zwei gute Gründe, hier einmal vorbeizuschauen: Die spektakuläre Architektur mit Blick auf den Westhafen, die jedem Diplomaten zur Ehre gereichen würde. Und die feine Küche, die ganz international ausgerichtet ist. Gerichte wie Taube mit Thai-Basilikum, Ente mit chinesischem Rauch-Tee oder vegetarische Sushi-Rollen verstehen sich als Botschaft aus Frankfurt, typisch für diese kleine, aber umso überraschendere Fusion-Großstadt.

➔ FRANKFURTER BOTSCHAFT

€€€ | Gutleutviertel | www.frankfurterbotschaft.de | Mo–Fr 11.30–24, Küche 12–15, 18–22, Sa 18–24, Küche bis 22 Uhr | Westhafenplatz 6–8 | Tel. 069 24 00 48 99

FRANKFURT? AM MAIN!

Auf der breiten Veranda mit spektakulärer Flusssicht macht die bodenständige Küche ohne Chichi am meisten Spaß. Im angeschlossenen Biergarten gibt es zünftige Leckereien wie hessischen Wurstsalat mit Bauernbrot. Dazu blickt man auf, genau, den Main. Und das Frankfurter Nizza, ein Mini-Stück Tropengarten mit Palmen. Kühleres Wetter ist aber auch kein Problem: Die Wasserfront ist rundum verglast und bietet ebenfalls ausreichend Panorama.

➔ MAINNIZZA

City | www.mainnizza.com | tgl. 11.30–1 Uhr | Untermainkai 17 | Tel. 069 26 95 29 22

PERSPEKTIVISCH GUT

Dieses Lokal macht seinem Namen alle Ehre: Hoch oben gelegen bietet es einen perfekten Ausblick auf die City. Im Sommer sitzt man auf der riesigen Panoramaterrasse und lässt sich Hausmannskost, Kaffee und Kuchen oder ausgewählte internationale Dinge schmecken.

➔ SCHÖNE AUSSICHT

Bergen-Enkheim | www.schoene-aussicht.de | Küche Mo–Fr 17.30–22 Uhr, Sa, So 12–22 Uhr | Im Sperber 24 | Tel. 069 33 32 22 33

IM HERZEN DES GELDES

Kein Thema wird von Besuchern so sehr mit Frankfurt verbunden wie Geld, Banken und Börsen (okay, vielleicht noch der Ebbelwoi). Aber haben Sie zum Beispiel die EZB schon mal von innen gesehen? Dabei lohnt eine Führung durch die wichtigste Finanzinstitution der EU. Nicht nur deren Funktion ist interessant, sondern auch ihr Zuhause, das spektakuläre Hochhaus am Osthafen. Bei einer speziellen Architekturführung erfährt man darüber noch mehr.

➔ EUROPÄISCHE ZENTRALBANK

Ostend | www.ecb.europa.eu, www.frankfurter-stadtevents.de | allgem. Führung Mo, Fr 15, Di, Mi, Do 10.30 Uhr, Architekturführung siehe Website | Eintritt frei | Sonnemanstr. 20 | Tel. 069 97 46 03 27

DES KAISERS WEITER BLICK

Innerhalb Deutschlands ist die Frankfurter Skyline eine der prächtigsten, auch wenn Mainhattan im internationalen Vergleich eher beschaulich daherkommt. Viele Wolkenkratzer dürfen allerdings aus Sicherheitsgründen nicht mehr bestiegen werden. Macht nix: Schließlich bietet auch der Domturm einen prächtigen Ausblick über die gesamte Stadt – und das zum INSIDER TIPP Schnäppchenpreis.

➔ KAISERDOM ST. BARTHOLOMÄUS

City | www.domturm-frankfurt.de | tgl. 10–17 Uhr, je nach Wetterlage | 3 Euro, Kinder 1,50 Euro | Domplatz 1 | Tel. 069 2 97 03 20

So kann man Frankfurt auch sehen!

Bitte wenden!

AUF PLATTE

Wenn Sie mit Thomas Adam unterwegs sind, stehen garantiert keine Museen und Kirchtürme auf dem Programm. Er kennt die Stadt wie seine Westentasche und bringt seine Gäste zu Orten, die für ihn wichtig waren in seiner Zeit als Obdachloser mitten zwischen schillernden Bankentürmen.

➔ STRASSENBLICK

City | strassenblick.de, www.frankfurter-stadtevents.de | Termine und Treffpunkt siehe Website | 15 Euro | Tel. 069 97 46 03 27

TOURIST IN DER EIGENEN STADT

Einfach mal so tun, als ob Sie zu Besuch in Frankfurt wären! Eine der gemütlichsten Stadtrundfahrten verläuft auf den Schienen der Straßenbahn, darunter auch Streckenabschnitte, die sonst nicht mehr befahren werden. Und dazu eine Gratisflasche Ebbelwei oder alternativ Apfelsaft plus Snacks. Wichtig: Stadtrundfahrt ja, Hop on & off geht hier aber leider nicht.

➔ EBBELWEI-EXPRESS

Diverse Stadtviertel | ebbelwei-express.de | Abfahrten ab Zoo Sa, So Fei 13.30–18.35 Uhr, genaue Zeiten siehe Website | 8 Euro, Kinder 3,50 Euro | diverse Haltepunkte | Tel. 069 21 32 24 25

THIS SIDE UP!

DER HIMMEL ÜBER FRANKFURT

Ein bisschen Big-Bang-Theory gefällig? Auch in Ihrer Stadt gibt es magische Orte, an denen der Geek-Faktor hoch ist. Lassen Sie sich vom Physikalischen Verein das Weltall nahebringen. Neben der 2017 grundlegend renovierten Volkssternwarte in Bockenheim gibt es auch eine mobile Sternwarte, die zum Beispiel im Palmengarten aufgebaut werden kann – ein ganz besonderes Erlebnis sind die INSIDERTIPP Observationen im Taunus, für die man sich allerdings anmelden muss.

➔ PHYSIKALISCHER VEREIN

Bockenheim | www.physikalischer-verein.de | Fr ab 19 Uhr, weitere Termine siehe Website | Hamburger Allee 22–24 | Tel. 069 70 46 30

SONNE SATT

EIN STÜCK BOSPORUS IN FRANKFURT

Was gibt es für den schnellen Hunger beim Mainspaziergang Besseres als einen leckeren Döner auf die Hand? Gute Nachrichten. Sehen Sie die lange Schlange, an dem kleinen Boot etwas östlich der Untermainbrücke? Da stellen Sie sich jetzt an! Dauert zwar ein wenig, ist dafür aber einer besten der Stadt. Außerdem verkauft Ramiz Meral, der das Kultboot 2004 ins Leben gerufen hat, durch das kleine Fenster auch andere türkische Spezialitäten und Fischgerichte.

➔ MERALS DÖNERBOOT

Sachsenhausen | www.meral-event.de | März–Okt. (je nach Wetterlage) tgl. 12–23 Uhr | ggü. Schaumainkai 35 | Tel. 0162 4 35 33 04

WER BRAUCHT SCHON URLAUB?

Mist! Nach Mieterhöhung und Autoreparatur ist die Ferienkasse mal wieder wie leergefegt. Aber zu Hause kann's ja auch ganz nett sein! Einer der schönsten Orte für einen lauen Sommerabend ist der Mainstrand am Eisernen Steg, dessen riesiger Außenbereich am Wasser zum Chillen einlädt. Die Snackkarte ist überschaubar, aber Couscous mit Falafel oder Focaccia mit Hühnchenbrust sollten reichen, um Fernweh und Hunger fürs Erste zu stillen.

➔ MAINSTRAND

Sachsenhausen | www.mainstrand.de | Mo–Fr ab 15, Sa, So ab 12 Uhr | Schaumainkai | Tel. 0173 3 18 22 23

EIN STRANDSTUHL FÜR DIE BLAUE STUNDE

Die Sonne scheint, auf ins Maincafé! DER Treffpunkt schlechthin und ein hervorragender Ort, um Joggern, Flaneuren sowie andockenden Booten zuzuschauen und Leute kennenzulernen. Sobald die ersten warmen Tage nach draußen locken, bilden sich an den Theken lange Schlangen für Kuchen, Snacks und Getränke, und die Liegestühle sind im Handumdrehen vergriffen. An lauen Sommerabenden beobachten Sie von hier aus den herrlich dunkelblauen Himmel, der sich über die Skyline legt. Und obwohl Sie das gegenüberliegende Mainufer klar erkennen können, liegt Frankfurt dann doch irgendwie am Meer.

➔ MAINCAFÉ

Sachsenhausen | maincafe.net | von Frühjahr bis Herbst bei schönem Wetter ab 10 Uhr | Schaumainkai 50 | Tel. 069 66 16 97 13

Leben leicht

Merals Dönerboot liefert das passende Essen zum Sommergefühl

SAND ZWISCHEN DEN ZEHEN

Was wäre unser schönes »Frankfort am Maa« ohne seine Trinkhallen? Und das Orange Beach ist in dieser Kategorie eine ganz besondere Perle, ein Biergarten direkt am Main, der zusätzlich zum typischen Büdchen- auch noch fürs rechte Strandfeeling sorgt. Hier genießen Sie bei Snacks und Getränken den Blick nach Dribbedebach statt auf die Skyline. Ist uns als Einheimischen ohnehin lieber!

➔ ORANGE BEACH

Gutleutviertel | www. orangebeach-frankfurt.de | Di–So im Sommer ab 13, sonst 15–21 Uhr | Gutleutstr. 371a, Niederräder Brücke | Tel. 0176 10 31 43 56

ICE IN THE SUNSHINE

»Abküüüüüühhhlung!«, schreit der Körper, und das Gehirn gibt ihm recht! Aber wohin zwischen all den endlosen Touristenmassen in der Innenstadt? Etwas versteckt neben dem Eingang zur Kleinmarkthalle in der Hasengasse liegt das Ladengeschäft von Das Eis. Der Name ist durchaus wörtlich zu verstehen, denn der Salon gilt bei vielen Frankfurtern als Nonplusultra in Sachen Eis. Aber denken Sie beim Gang ans nahegelegene Mainufer an die Temperatur. Sonst brauchen Sie am Ende für Ihren Eisbecher noch einen Strohhalm.

➔ DAS EIS

City | www.daseis.eu | Mo–Fr 12–18, Sa 10–18, So 13–17 Uhr | Hasengasse 1 | Tel. 069 74 73 14 09

SONNENMILCH NICHT VERGESSEN!

Warum wachsen hier keine Palmen? Das ist gewissermaßen das Einzige, was noch fehlt fürs perfekte Strandfeeling. Der Niddastrand, abgelegen im Westen der Stadt am Ufer des zweitliebsten Flusses der Frankfurter, hat mit seinen Liegestühlen, leckeren Drinks und eisgekühltem Bier alles, was ein heißer Tag so braucht. Im Sommer lockt der Sandabschnitt in Nied mit musikalischen Cocktailabenden und Livemusik. Und wenn Sie Fußball am liebsten im Rudel gucken, sind Sie bei EM und WM in diesem Biergarten ebenfalls goldrichtig.

➔ NIDDASTRAND

Nied | www.niddastrand.de | im Sommer tgl. ab 10 Uhr | Oeserstr. 80 | Tel. 0151 2 35 60 20 25

Wohlige Wärme

Wenn die Sonne mal nicht strahlt, auf Zur Sonne

WINTER-HÖHLEN

Essen, wo andere den Kachelofen anheizen

LECKER-LEBKUCHEN-LATTE

Eigentlich sind Sie ja froh darüber, die grellen Siebziger hinter sich gebracht oder gar nicht erst miterlebt zu haben … Wobei, irgendwie kultig war die Zeit der schrill gemusterten Tapeten und des Kunststoff-Chics ja schon. Gönnen Sie sich einen Ausflug in ein kuscheliges Wohnzimmer aus dieser Zeit, wenn es draußen ungemütlich wird und drinnen die Kaffeespezialitäten ausgefallen und winterlich werden. Zur Tasse, die die Hände wärmt, gibt's ein schönes Stück Kuchen oder einen feurigen Chili-Burger, und der Tag ist perfekt.

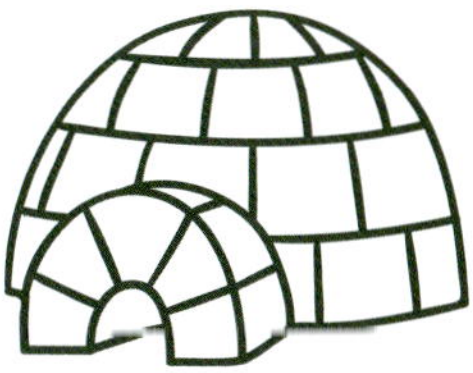

➔ SCHÖNHAUSER

Gallus | www. schoenhauser-frankfurt.de | Di 17–24, Mi–Sa 10–24, So 10–18 | Frankenallee 90 | Tel. 069 94 41 15 25

VESPER AM KACHELOFEN

Ein heimeliges Gefühl macht sich breit, wenn Sie das 1768 eröffnete Gasthaus zur Sonne betreten. Ringsum zeugen die rustikale Einrichtung und die Fachwerkwände von jahrhundertealter Wirtschaftstradition, und der Kachelofen in der Ecke lässt gerade im Winter das Herz hüpfen. Hier sitzen Sie am gemütlichsten, wenn Sie sich Apfelwein und Rippchen schmecken lassen. Oder soll es – passend zum Wetter draußen – vielleicht doch lieber das gute alte »Schneegestöber« sein?

➔ ZUR SONNE

Bornheim | www.zursonne-frankfurt.de | Mo–Sa 17–24, So, Fei 12–23 Uhr | Berger Str. 312 | Tel. 069 45 93 96

ZUHAUSE FÜR JEDERMANN

Gerade an kalten Wintertagen ist es zu Hause doch immer noch am schönsten. Aber was, wenn die Mitbewohner nerven oder das Chaos, das sich über die letzten Arbeitstage angesammelt hat, einfach nicht mehr zu ertragen ist? Zum Glück gibt es Orte wie Amélie's Wohnzimmer. Hier sitzen Sie auf gemütlichen Ohrensesseln an Tischen, auf denen das Spitzendeckchen nicht fehlen darf. Fast wie bei Oma, nur dass sie keiner belehrt, wenn es mit dem Frühstücken wieder etwas später geworden ist. Das gibt es neben Panini und Salaten von Mittwoch bis Sonntag bis 17 Uhr.

➔ AMÉLIE'S WOHNZIMMER

Sachsenhausen | **www.amelies-wohnzimmer.de | Mi–Fr 9–18, Sa, So 10–18 Uhr | Affentorplatz 20 | Tel. 069 66 05 49 26**

ROMANTIK AM FEUER

Wohnzimmer mit Kamin – kann sich in Frankfurt leider nur eine Minderheit leisten! Wenn es doch mal romantisch knistern und dazu muckelig warm werden soll, gibt es aber auch dafür eine Lösung! Das Kaminzimmer im Eschenheimer Turm gilt als eins der schönsten der Stadt und hat schon etliche Heiratsanträge sowie Hochzeitsfeiern miterlebt. Was nicht heißen soll, dass für den Aufenthalt in der historischen Stadtwarte eine Romantikader bitter nötig ist. Sie macht ihn allenfalls nur noch schöner.

➔ ESCHENHEIMER TURM

City | **www.eschenheimer.de | Mo–Do, So 12–1, Fr, Sa 12–3 Uhr, Kaminzimmer Okt.–April Di–Sa ab 18.30 Uhr | Eschenheimer Tor | Tel. 069 29 22 44**

HÜTTENGAUDI IN DER STADT

Was gibt es Schöneres, als nach dem Skifahren in die heimelige Hütte einzukehren und sich mit Kaiserschmarrn und Jagertee zu stärken? Schade nur, dass Skier in der Mainmetropole eher fehl am Platz sind und uns trotz winterlicher Kälte die Zeit zum Bergurlaub fehlt! Die Gleichung geht – zumindest im Prinzip – trotzdem auf, dank des großartigen Kaiserschmarrns, der im Salzkammer noch dazu in besonders gemütlicher Atmosphäre serviert wird. Mit frischem Zwetschgenröster und Apfelmus versteht sich – wenn man schon aufs Gipfelpanorama verzichten muss.

➔ SALZKAMMER

City | **www.salzkammerffm.de | Mo–Sa 11–24 Uhr | Weißadlergasse 15 | Tel. 069 15 39 30 00**

ZEIT ZUM AUFTAUEN!

Gemütlich, gemütlicher, Roseli! Das Bistro-Café in direkter Nachbarschaft zum Goethehaus ist mit seinen dick gepolsterten Sitzbänken und den kleinen Tischchen auf engstem Raum die ideale Winterhöhle für all jene, die vom Weihnachtsmarkttrubel genug haben. Während Sie in den umliegenden Cafés Ihr eigenes Wort nicht mehr verstehen, findet sich im Roseli meist noch ein ruhiges Plätzchen zum Aufwärmen. Das geht sowohl mit Kaffee und Tee als auch mit leckeren Bio-Suppen von der Wochenkarte.

➔ ROSELI

City | **www.roseli.net | Mo–Sa 10–20, So 10–18 Uhr | Weißadlergasse 9 | Tel. 069 24 44 66 60**

IRGENDWIE SCHRÄG

Wer hat sich sowas bloß ausgedacht?

VORHANG AUF, MANEGE FREI!

Ein Ort mit familiärer Atmosphäre und ein Treffpunkt für Genießer, Künstler und Kulturinteressierte. Was hier jede Woche aus dem Hut gezaubert wird, kann sich sehen und hören lassen: Black-Music-Partys von Hip-Hop bis Reggae, Konzerte oder Stand-up-Comedy und Swing-Partys ganz im Stil der 1920er-Jahre. Im Clubrestaurant serviert man internationale Küche mit regionalen Einflüssen und das zu moderaten Preisen. Last but not least: Die Sommerterrasse ist eine grüne Oase mitten in der Stadt.

➔ CIRCUS

City | www.circus-frankfurt.de | So, Di, Mi 18–24, Do–Sa 18–3 Uhr | Eintritt je nach Veranstaltung | Bleichstr. 46 | Tel. 069 27 24 24 70

Schmökern erwünscht

Machen Sie es sich bequem in Amélie's Wohnzimmer

Orient live

Märchenhaftes in der Mokkateeria

NICHTS VOM FLIESSBAND

Poetry Slam, Weltmusik, Kabarett, Jazz, Ü40-Partys, dazu das Essen aus Olis Küche, guten Wein und den Charme eines Kellergewölbes: Die Fabrik ist ein wahrer Alleskönner, der jede Woche eines der buntesten Programme der Stadt produziert. Ganz nebenbei gibt es auch regelmäßige Diskussionsveranstaltungen, denn die Macher verstehen sich nicht nur als An-den-Mann-Bringer von Kultur, sondern auch als Integrator, der den künstlerischen und kulturellen Austausch fördert. Und wo ginge das besser als an einem Ort, der die Vielseitigkeit lebt?

➔ DIE FABRIK

Sachsenhausen | www.die-fabrik-frankfurt.de | Öffnungszeiten und Eintritt je nach Veranstaltung | Mittlerer Hasenpfad 5 | Tel. 069 60 50 43 81

KAFFEESPUREN IM SAND

»Vorsicht! Sand ist sehr heiß. Bitte nicht anfassen!« steht auf dem Schild an der Theke. Da juckt's den unvorsichtigen Großstädter doch glatt in den Fingern, oder? Im Quarzsand – hier erzeugen Heizstäbe die fehlenden Wüstentemperaturen – lässt Betreiber Ömür Kar seinen Mokka ganz stilecht im Kupferkännchen mehrmals aufkochen, bevor er ihn mit Baklava als typisch Frankfurter Multikulti-Melange serviert. Für alle, die sich das mal aus der Nähe ansehen wollen, aber Kaffee beim besten Willen nichts abgewinnen können, gibt's frische Tees und leckere Orient Sweets.

➔ MOKKATEERIA

Bornheim | www. mokkateeria.de | Mo–Sa 10–22, So 11–22 Uhr | Heidestr. 149 | Tel. 069 90 75 90 91

DIE POLITISCHSTE THEKE DER STADT

Den Kultfaktor einer Location erkennt man ja oft an dem Ort, der gemeinhin als still bezeichnet wird und wo Frauen üblicherweise zu zweit hingehen. Und der ist im 1962 eröffneten Club Voltaire tatsächlich Zeitzeuge von Jahrzehnten, in denen er über und über mit Stickern und Zeichnungen versehen wurde. Wenn Sie es wieder nach oben geschafft haben, wartet neben dem unvergleichbaren Stammpublikum ein buntes Programm auf Sie. Es gibt Jazz- und Funkabende und die wildesten Diskussionsthemen. Hier geht keiner raus, ohne über Politik, gesellschaftlichen Wandel oder Philosophie nachgedacht zu haben. Und wenn nur ein Spruch auf dem Klo der Auslöser dafür war.

➔ CLUB VOLTAIRE

City | www.club-voltaire.de | Kneipe: Mo–Sa 18–1 Uhr, So nur bei Veranstaltungen | Eintritt je nach Veranstaltung | Kleine Hochstr. 5 | Tel. 069 29 24 08

EINE MAINFAHRT, DIE IST LUSTIG

Wer trauert schon dem viel besungenen knallroten Gummiboot hinterher, wenn er auf einer schwimmenden Insel in Donut-Form über den Main schippern kann? Vor allem, wenn in der Mitte keine süßen Häppchen stehen, sondern Leckeres vom Grill. Mit genügend Getränken an Bord, die auch im Sommer kühl gelagert werden können, kann die fette Flussparty doch steigen, oder?

➔ MAIN BBQ DONUT

Sachsenhausen | www.main-bbq.de | Mo–Fr ab 17, Sa, So ab 9 Uhr | 109 Euro/Std. Miete, ab 2 Std. | Tiefkai, ggü. Deutschherrnufer 12

WILLKOMMEN IM GARTEN

Ein Garten ohne Laube? Klingt ja fast so abwegig wie ein Bewohner des Europaviertels ohne Krawatte. Aber tatsächlich – schlechte Mietpreiswitze beiseite – hat der Europagarten mit seiner eigenen Laube ein hölzernes Schätzchen erhalten, das in kaum einem anderen Innenstadtviertel so möglich wäre. Zwischen der Einrichtung aus den Fünfzigern landen hier Gerichte aus Land- und Gartenküche auf den Tellern. Die Zutaten stammen aus der Region und zum Großteil aus Bio-Anbau.

➔ LAUBE LIEBE HOFFNUNG

Europaviertel | www.laubeliebehoffnung.de | Di–Sa 11.30–24, So 10–23 Uhr | Pariser Str. 11 | Tel. 069 75 84 77 22

HAT STYLE

Echte Schönheit kommt vom Innenarchitekten

TRÈS CHIC!

Das elegante Restaurant mit Kaminzimmer, Wintergarten und Sommerterrasse ist der perfekte Ort für besondere Momente, die auch einmal besonders viel kosten dürfen. Neben dem Ambiente stimmt auch die kulinarische Leistung: Der Guide Michelin bewertete das Francaise wiederholt mit einem Stern, und der Gault-Millau ist ebenfalls voll des Lobes.

➔ **RESTAURANT FRANÇAIS**

€€€ | City | www.francais-restaurant.de | Mo–Fr 12–13.45, 18.30–21.30, Sa 18.30–21.30 Uhr | im Steigenberger Hotel Frankfurter Hof, Am Kaiserplatz 1 | Tel. 069 21 51 18

GLANZ UND GLORIA

Wenn der Tag eine Enttäuschung war, dann kann man ein bisschen Extra-Pomp vertragen. Das Stanley Diamond ist ein charmantes Lokal, in dem ganz anachronistisch rosa Marmor und viel Glamour verbaut wurden: Ein bisschen 80ies-Prunk, ein bisschen New Yorker Pracht. Der Service ist unkompliziert, die Küche zaubert aus einfachen Ausgangsrezepten Gourmetgerichte, und die Mittagsmenüs sind recht fair bepreist.

➔ **STANLEY DIAMOND**

Gallus | stanleydiamond.com | Di–Do 12–14.30, 18.30–23, Fr 12–14.30, 18.30–24, Sa 18.30–24 | Ottostr. 16–18 | Tel. 069 26 94 28 92

SAND, SAND UND NOCH MEHR SAND ...

Und genau da, im Sand, dürfen Sie sich niederlassen, umgeben von Ethno-Dekor. Ist das denn auch wirklich alles authentisch oder doch eher eine Art Themen-Erlebnispark? Und wenn schon! Hauptsache, es macht Spaß und es schmeckt. Denn Im Herzen Afrikas gehört definitiv zu den Lokalen, die den Frankfurtern die köstlichen Leckereien der eritreischen Landesküche am besten näher bringen, – und der Abend wird Ihnen definitiv in Erinnerung bleiben. Nebenbei ist das Lokal nicht nur eins der ersten seiner Art in Frankfurt, sondern noch immer auch INSIDER TIPP eines der günstigsten. Und eine Reservierung deshalb fast Pflicht.

➔ **IM HERZEN AFRIKAS**

Gutleutviertel | www.im-herzen-afrikas.de | Di–Sa 18–1, So 16–22 Uhr | Gutleutstr. 13 | Tel. 069 24 24 60 80.

VINTAGE UND VINO

Jeder Stuhl ein Klassiker, hier sitzt man auf Designermodellen der 1960er- bis 80er-Jahre. Auch draußen und im INSIDER TIPP Raucherbereich wird die charmante Flohmarkt-Möblierung durchgezogen. Theoretisch hätte man hier die Qual der Wahl ... Doch praktisch freut man sich, überhaupt einen Platz zu ergattern, denn das Chairs gehört zu den absoluten Lieblingen in Bornheim. Neben Garnelen in ordentlich Knoblauch oder waschechtem Wiener Schnitzel gibt's die wechselnde Wochenkarte, dazu eine gute Weinauswahl.

➔ **CHAIRS**

Bornheim | www.chairsffm.de | tgl. 18–1 Uhr | Gronauer Str. 1 | Tel. 069 48 44 69 22

Zeitreise

Im Moloko+ wird Vintage wahr, bis ins Detail

MÄRCHENWELT AUS HOLZ UND GOLD

Ein bisschen Kitsch gehört natürlich dazu in diesem wunderbar verwinkelten Holzpalast: Verzierungen und Schnörkel, riesige Skulpturen, Gold und Blumen lassen Sie eintauchen in eine exotische Welt, in der die komplette Palette der Thai-Küche serviert wird – vom Curry über Fisch- und Schrimpsgerichte bis hin zu *som tam thai*, dem krachend aromatischen Salat aus grünen Papayas.

BANGKOK

Ostend | www.bangkok-restaurant.com | tgl. 12–15, 18–23 Uhr | Sandweg 17 | Tel. 069 49 13 60

DIE ULTIMATIVE RETRO-SCHATZKISTE

In anderen Städten wird der 60er-Jahre-Charme gern gepflegt, in Frankfurt sind Lokale wie das Moloko+ wahre Schätzchen zwischen all den Cafés und Bars mit Glitzer- oder Lounge-Atmosphäre. Bloß abends für einen – zugegeben recht guten – Cocktail (zum Beispiel den Signature-Trunk des Hauses, inspiriert durch den Kultfilm »Clockwork Orange«) zu kommen, wäre also fast zu schade: Nachmittags oder am Wochenende zum Frühstück kann man Designklassiker, Väschen mit entzückenden Blumensträußchen und die in die Wand eingebaute Tortenvitrine noch besser würdigen.

MOLOKO+

City | www.moloko-am-meer.de | Mo–Do 17–1, Fr 17–2, Sa 10–2, So 10–1 Uhr | Kurt-Schumacher-Str. 1 | Tel. 069 13 88 69 32

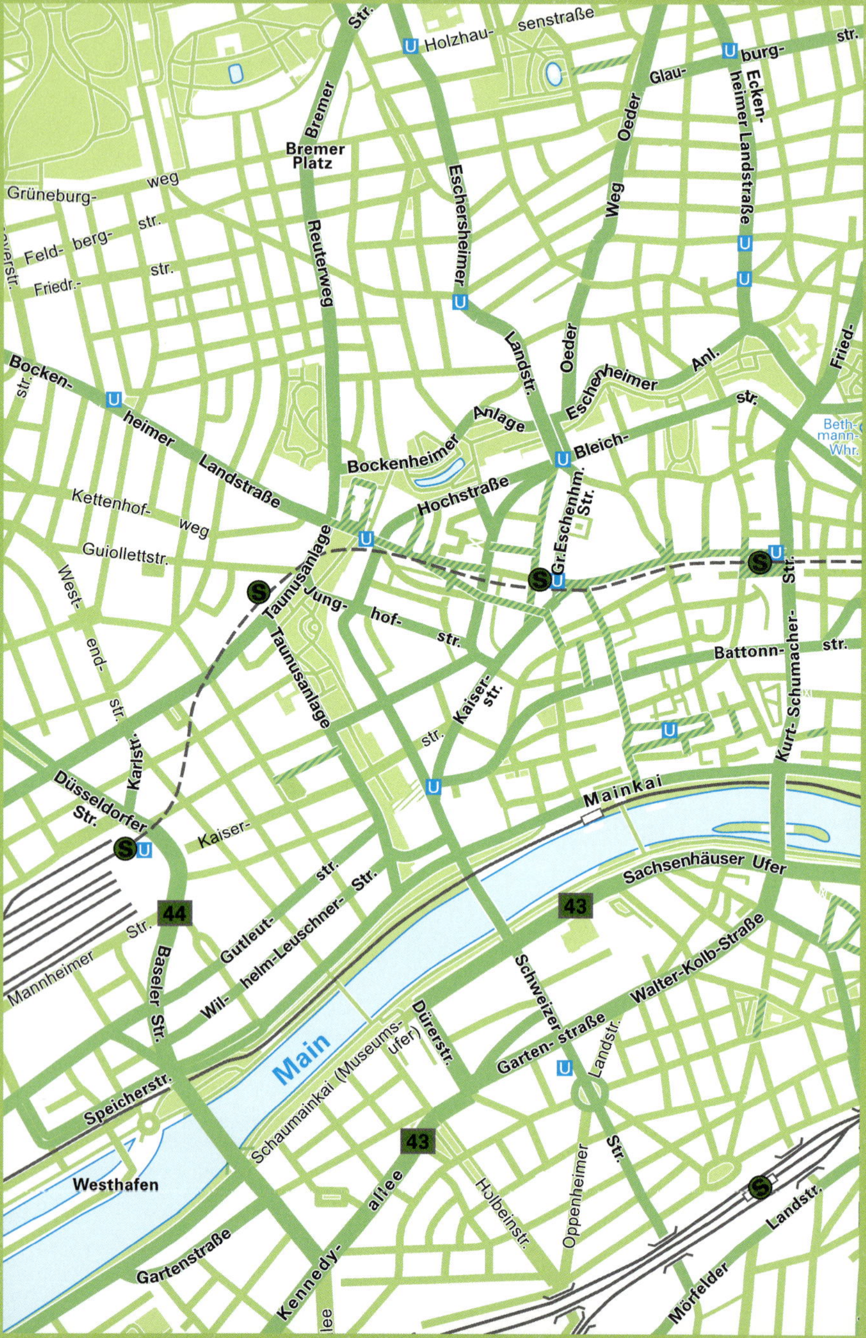
Holzhau- senstraße
Glau- burg- str.
Eckenheimer Landstraße
Bremer Str.
Bremer Platz
Grüneburg- weg
Feld- berg- str.
Friedr.- str.
Reuterweg
Eschersheimer Landstr.
Oeder Weg
Fried-
Bocken- heimer Landstraße
Eschenheimer Anl.
Bleich- str.
Beth- mann- Whr.
Bockenheimer Anlage
Hochstraße
Kettenhof- weg
Guiollettstr.
West- end- str.
Taunusanlage
Jung- hof- str.
Gr.Eschenhm. Str.
Battonn- str.
Kurt- Schumacher- Str.
Kaiser- str.
Karlstr.
Düsseldorfer Str.
Kaiser- str.
Mainkai
Sachsenhäuser Ufer
Gutleut- str.
Wil- helm-Leuschner- Str.
44
43
Mannheimer Str.
Baseler Str.
Schweizer Str.
Walter-Kolb-Straße
Main
Schaumainkai (Museums- ufer)
Dürerstr.
Garten- straße
Landstr.
Speicherstr.
Westhafen
Kennedy- allee
Holbeinstr.
Oppenheimer Str.
Gartenstraße
Mörfelder Landstr.

DIE JAHRESZEITEN IM STADTVIERTEL-CHECK

BOCKENHEIM & WESTEND 148
BORNHEIM & OSTEND 150
CITY 152
GALLUS & GUTLEUTVIERTEL 154
NORDEND 156
SACHSENHAUSEN & DER SÜDEN 158

Bockenheim & Westend

Nach dem Winter könnten Sie beim nächsten Shopping-Ausflug mal wieder Frischluft gebrauchen? Gönnen Sie sich einen gemütlichen Einkauf auf dem Bauernmarkt an der Bockenheimer Warte. Frühling to go … ein bunter Strauß Blumen darf es auch noch sein.

➔ BOCKENHEIMER WARTE

Bockenheim | Do 8–18 Uhr

An sich stünde ja ein Besuch im Palmengarten an, aber bei diesem Wetter ins Getümmel? Weichen Sie doch diesmal in den Botanischen Garten aus, der im Vergleich zum perfekt gepflegten Palmengarten immer ein bisschen das Gefühl von Wildnis vermittelt.

➔ BOTANISCHER GARTEN

Westend | www.botanischergarten-frankfurt.de | März–Okt. Mo–Sa 9–18, So, Fei 9–13 Uhr | Eintritt frei | Siesmeyerstr. 72 | Tel. 069 21 23 90 58

3

Herbst

DER NATUR AUF DER SPUR

In kaum einer Jahreszeit macht man sich den stetigen Wandel der Natur so bewusst wie im Herbst. Warum also nicht das Schmuddelwetter nutzen und der Sache im größten Naturkundemuseum Deutschlands auf den Grund gehen? Zwischen Dinosauriern und Fossilien lassen sich Kälte und Nässe glatt vergessen.

➔ SENCKENBERG NATURMUSEUM

Westend | www.senckenberg.de | Mo,Di, Do, Fr 9–17, Mi 9–20, Sa, So, Fei 9–18 Uhr | 9 Euro, Kinder 4,50 Euro | Senckenberganlage 25 | Tel. 069 7 54 20

4

Winter

HEISS, HEISS, HEISS ...

Klamme Finger, rote Nasen, erfrorene Zehenspitzen: Der Winter hat mal wieder zugeschlagen! Decken Sie sich in der Kaffeerösterei Wissmüller mit frisch geröstetem Kaffee ein, dann schmeckt das dampfende Heißgetränk zu Hause gleich zweimal so gut.

➔ KAFFEERÖSTEREI WISSMÜLLER

Bockenheim | www.kaffeeroesterei-wissmueller.de | Mo–Fr 8–18.30, Sa 9–15 Uhr | Leipziger Str. 39 | Tel. 069 77 18 81

Bornheim & Ostend

1 Frühling

GRÜNER WIRD'S NICHT

Sieben Kräuter müsst ihr sein: Traditionell wird der Saisonstart für die legendäre Frankfurter Grie Soß'-Mischung am Gründonnerstag eingeläutet – also auf zum Bornheimer Wochenmarkt!

➔ BORNHEIMER WOCHENMARKT

Bornheim | Mi 8–18.30, Sa 8–16 Uhr | Am Uhrentürmchen

2 Sommer

OPEN-AIR-BÜHNE

Der Günthersburgpark ist die Bornheimer Grünfläche. Im Sommer gastiert hier das Stalburg Theater und bietet Konzerte, Lesungen und Kabarett unter freiem Himmel – damit das auch im nächsten Jahr so bleibt: Spenden unbedingt erwünscht!

➔ STOFFEL FESTIVAL

Bornheim | www.stalburg.de/stoffel/info | Mitte Juli–Mitte Aug., Termine s. Website | auf Spendenbasis | Nördlicher Günthersburgpark | Tel. 069 25 62 77 44

3

Herbst

FESTE FEIERN

Autoscooter, Geisterbahn, Riesenrad und massig Zuckerwatte: Gibt es eine bessere Möglichkeit, den Herbst einzuläuten? Die Dippemess muss man lieben oder hassen, dazwischen gibt es nix. Und wir plädieren klar für Ersteres.

➔ DIPPEMESS

Bornheim | www.dippemess.de | 7.–16. Sept. 2018, Mo–Do 14–23, Fr, Sa 14–24, So 12–23 Uhr | Festplatz am Ratsweg | Tel. 069 21 23 89 90

4

Winter

ENERGIEFLUSS ANREGEN

Der Thai-Massage eilt ihr Ruf voraus: Sie kann nicht nur Muskeln und Bindegewebe lockern, sondern auch noch die Durchblutung ankurbeln und für gute Laune sorgen – alles Dinge, die wir an trüben Wintertagen gut gebrauchen können. Wenn's dann noch so hübsch maritim aussieht wie in diesem Thai-Spa: Unbedingt hingehen!

➔ LA MALILA

Bornheim | www.facebook.com/lamalila60385 | Mo–Sa 12–20 Uhr | Höhenstr. 22 | Tel. 069 90 43 75 85

City

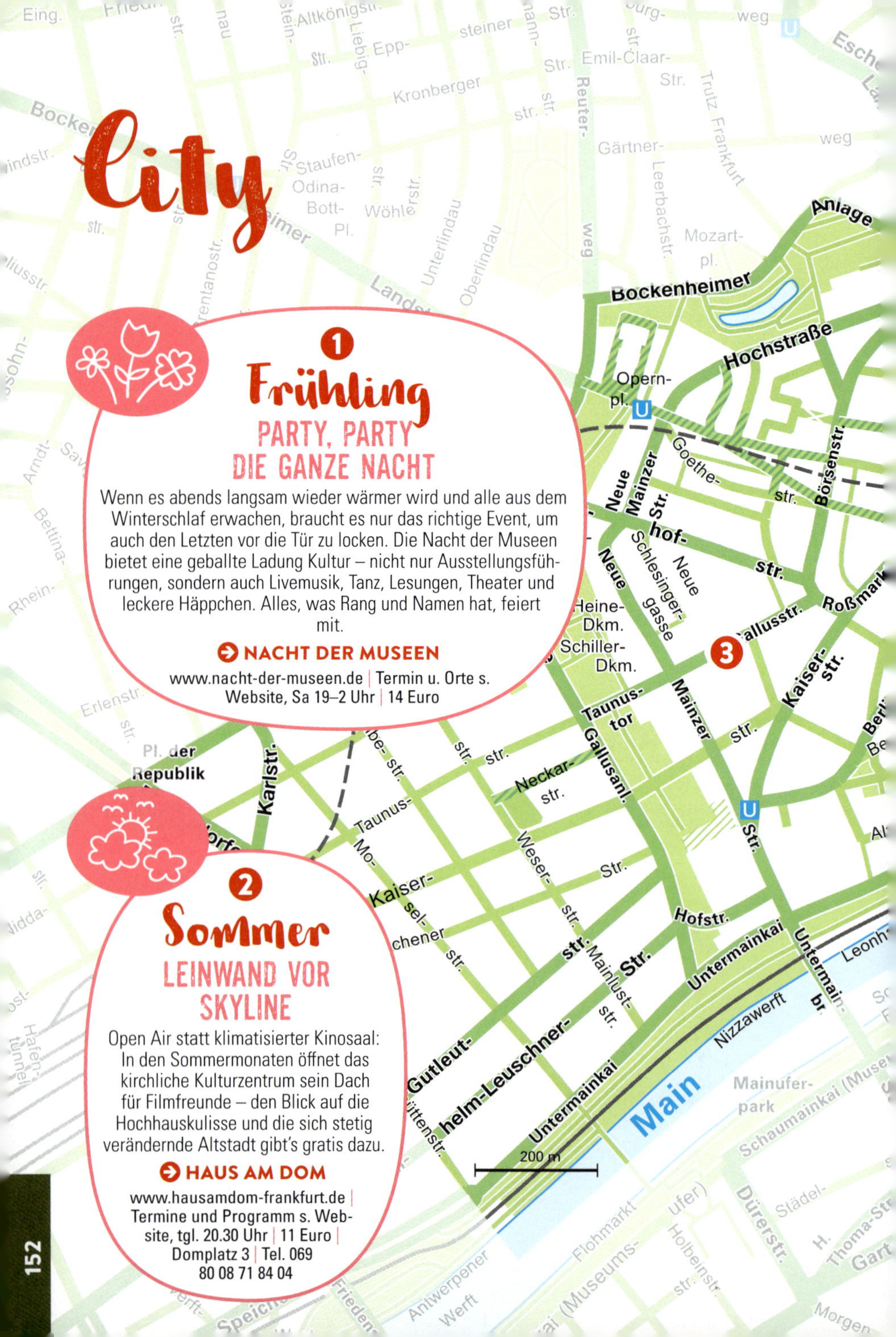

1

Frühling

PARTY, PARTY DIE GANZE NACHT

Wenn es abends langsam wieder wärmer wird und alle aus dem Winterschlaf erwachen, braucht es nur das richtige Event, um auch den Letzten vor die Tür zu locken. Die Nacht der Museen bietet eine geballte Ladung Kultur – nicht nur Ausstellungsführungen, sondern auch Livemusik, Tanz, Lesungen, Theater und leckere Häppchen. Alles, was Rang und Namen hat, feiert mit.

➔ NACHT DER MUSEEN

www.nacht-der-museen.de | Termin u. Orte s. Website, Sa 19–2 Uhr | 14 Euro

2

Sommer

LEINWAND VOR SKYLINE

Open Air statt klimatisierter Kinosaal: In den Sommermonaten öffnet das kirchliche Kulturzentrum sein Dach für Filmfreunde – den Blick auf die Hochhauskulisse und die sich stetig verändernde Altstadt gibt's gratis dazu.

➔ HAUS AM DOM

www.hausamdom-frankfurt.de | Termine und Programm s. Website, tgl. 20.30 Uhr | 11 Euro | Domplatz 3 | Tel. 069 80 08 71 84 04

④

Winter

KUSCHELN MIT KASCHMIR

In Natalie Grays enorm kleinem und extrem feinem Lädchen werden INSIDER TIPP Decken aus aller Herren Länder verkauft – aus Kaschmir und Kamelhaar, in jedem Fall rundum Naturfaser. Der Winteranfang bietet den perfekten Anlass, sich eines der edlen Exemplare zuzulegen.

➔ **BLANKET STORE**

www.blanketstore.de | Di–Sa 11–18 Uhr | Hasengasse 2 | Tel. 069 59 77 12 63

③

Herbst

LAUF, FRANKFURT, LAUF!

Der Frankfurt Marathon gilt als einer der coolsten Stadtläufe überhaupt. Bei Start und Zieleinlauf mitten in der City ist die Stimmung bestens – aber auch am gesamten Streckenrand stehen Nichtläufer und feuern an. Lieber ein bisschen mitlaufen? Das geht zum Beispiel beim Staffelmarathon oder beim gemütlicheren Brezellauf einen Tag vorher.

➔ **MAINOVA FRANKFURT MARATHON**

frankfurt-marathon.com | letzter So im Okt. ab 10 Uhr | ab 70 Euro | Streckenverlauf u. Anmeldung s. Website

Gallus & Gutleutviertel

1 Frühling

ÜBER DIE GLEISE ZUM MAIN

Mit den ersten Sonnenstrahlen strömt halb Frankfurt zum Main. Und weil dessen Ufer in der City einem Ameisenhaufen gleicht, empfiehlt sich vom Gallus der Weg über die Camberger Brücke. Von hier aus sind Sie Minuten nach dem obligatorischen Skyline-Selfie INSIDER TIPP an einem abgelegeneren Flussabschnitt, dessen Schönheit dank des Industrieviertels ringsum einfach keinem Menschen auffällt.

➔ CAMBERGER BRÜCKE

Gutleutviertel | Gutleutstr./Ecke Camberger Str.

2 Sommer

AKTIVE NACHBARSCHAFT

Das Gute liegt zum Greifen nah – auch im Gallus! Entlang der neu gestalteten Frankenallee geht es zum Quartierspavillon an der Quäkerwiese, wo das Viertel sich im Rahmen einer kostenlosen Kultur- und Konzertreihe von seiner buntesten Seite präsentiert. Zu Livemusik und Kunstaktionen gibt's Eis und kühles Bier von den Büdchen ringsum.

➔ GALLUS SOMMER

Gallus | www.galluszentrum.de | Programm u. Termine s. Website | Am Quartierspavillon an der Quäkerwiese, Frankenallee 144 | Tel. 069 7 38 00 37

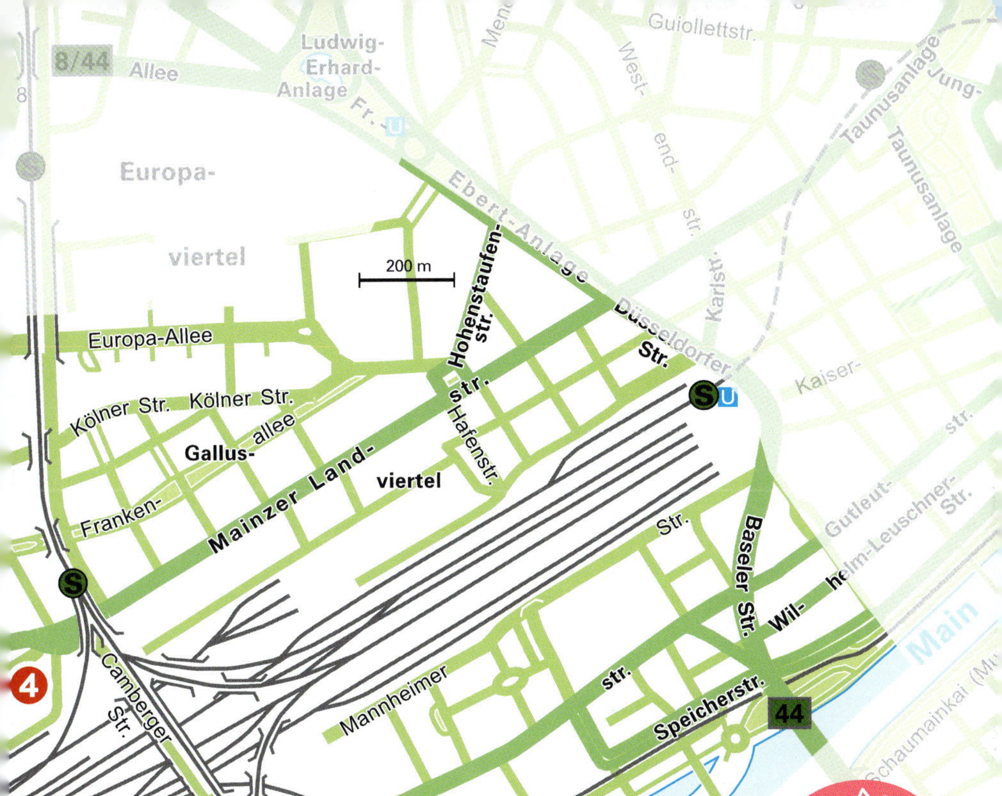

4 Winter

GEHEIMTIPPS AUF DER BÜHNE

Winterzeit ist Theaterzeit! Und das Gallus-Theater ist eine großartige Alternative zur heimischen Couch. Nicht nur Schauspiel und Musiktheater, sondern auch Kabarettprogramme und Konzerte können Sie im ältesten freien Theater Frankfurts erleben.

➔ GALLUS-THEATER

Gallus | www.gallustheater.de | Spielplan s. Website | Kleyerstr. 15 | Tel. 069 75 80 60 20

3 Herbst

LAUBHAUFEN IM PARK

Einmal wieder Kind sein! Das geht besonders gut im Herbst, wenn haufenweise Laub zum beherzten Sprung in die Mitte einlädt. Im Gutleutviertel gibt es für solche Späße den zweieinhalb Hektar großen Sommerhoffpark direkt am Main. Also: Anlauf nehmen und hinein in den Spaß!

➔ SOMMERHOFFPARK

Gutleutviertel | Gutleutstr. 295

Nordend

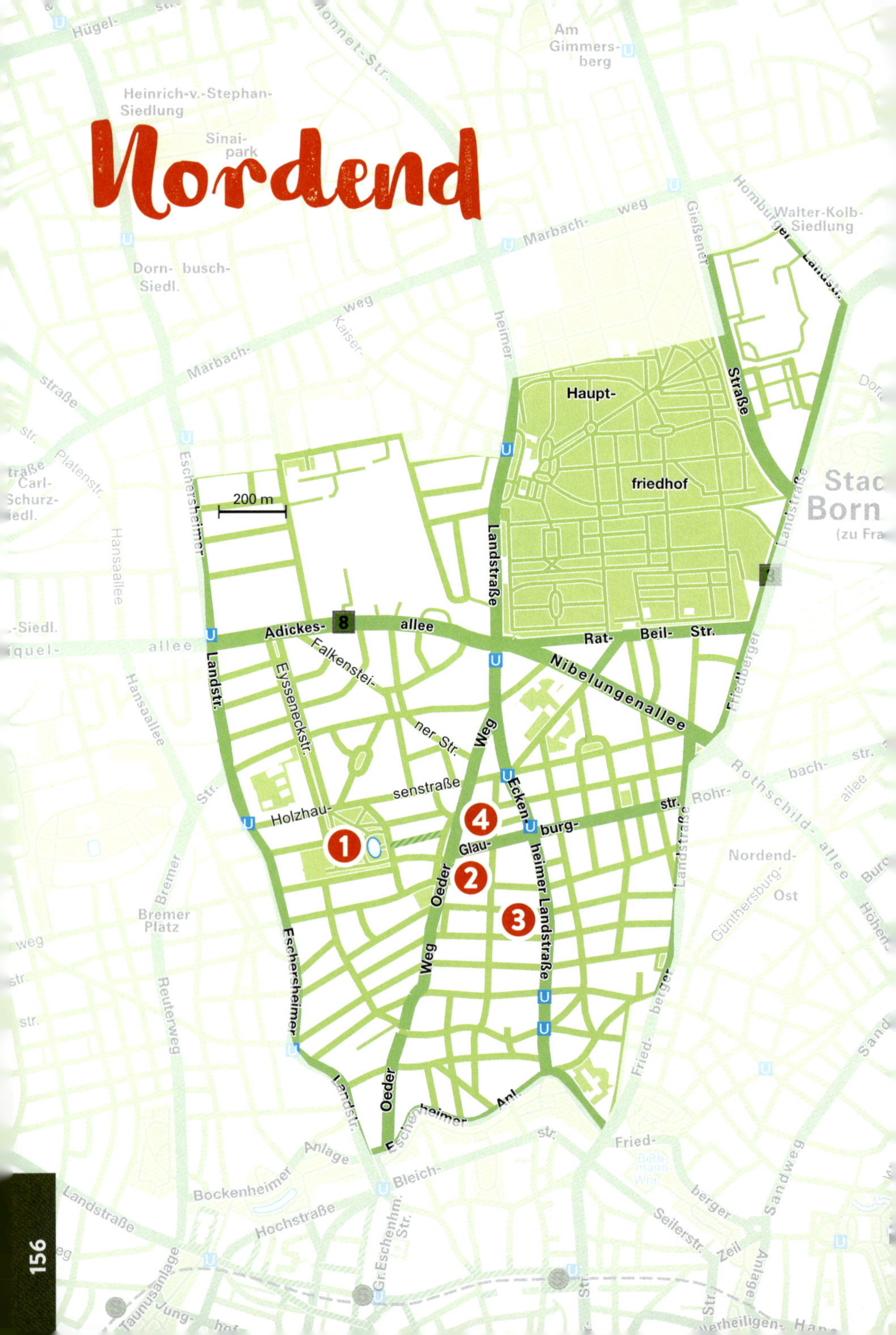
200 m
Adickes-
allee
Rat-
Beil-
Str.
Haupt-
friedhof
Nibelungenallee
Landstraße
Eschersheimer
Landstr.
Eysseneckstr.
Falkenstei-
ner Str.
Holzhau-
senstraße
Weg
Oeder
Weg
Ecken-
heimer Landstraße
Glau-
burg-
str.
Friedberger
Landstraße
Straße
Homburger
Landstr.
Eschersheimer
Landstr.
Oeder
Eschenheimer
Anl.
Marbach-
weg
Gießener
Walter-Kolb-
Siedlung
Am
Gimmers-
berg
Heinrich-v.-Stephan-
Siedlung
Sinai-
park
Dorn-
busch-
Siedl.
Kaiser-
Platenstr.
Carl-
Schurz-
Hansaallee
Bremer
Platz
Reuterweg
Rothschild-
allee
Rohr-
bach-
Nordend-
Ost
Günthersburg-
Stad
Born
(zu Fra
Anlage
Bockenheimer
Landstraße
Hochstraße
Bleich-
Gr.Eschenhm.
Str.
Taunusanlage
Fried-
berger
Seilerstr.
Zeil
Sandweg
Anlage
Fried-
berger
8
1
2
3
4

1 Frühling

EIN SCHLOSS IM WASSER

Der Adolph-von-Holzhausen-Park zeigt sich von seiner schönsten Seite, wenn die majestätischen, alten Kastanien blühen, die den Weg zum Holzhausenschlösschen säumen. Die Frankfurter Bürgerstiftung veranstaltet hier neben Vorträgen und Ausstellungen auch Konzerte, die bei gutem Wetter sogar draußen stattfinden.

➔ ADOLPH-VON-HOLZHAUSEN-PARK

www.frankfurter-buergerstiftung.de | Programm s. Website | Justinianstr. 5 | Tel. 069 55 77 91

2 Sommer

GRÜN, GRÜN, GRÜN SIND ALLE MEINE KLEIDER …

Wenn die Sonne scheint, sehen die alten T-Shirts so verblichen aus. Und überhaupt darf mal ein frischer Wind durch Ihren Kleiderschrank wehen. Die richtige Inspiration für eine Gute-Laune-Sommergarderobe finden Sie garantiert in Sabines Schmitts hübschem Laden.

➔ APFELGRÜN ZUM ANZIEHEN

www.apfelgruen.eu | Mo–Fr 10–19, Sa 10–15 Uhr | Glauburgstr. 95 | Tel. 069 27 29 39 68

3 Herbst

ECHTES PROGRAMMKINO

Die Abende werden wieder kühler, die richtige Jahreszeit, um statt in den Biergarten mal wieder ins Kino zu gehen. Das kleine Stadtteilkino macht Lust auf Unbekanntes: Autorenfilme im Original, Low-Budget-Produktionen und Dokumentarfilme, zuweilen sogar mit anschließender Diskussion mit dem Regisseur.

➔ MAL SEH'N KINO

www.malsehnkino.de | Programm s. Website | Adlerflychtstr. 6 | Tel. 069 5 97 08 45

4 Winter

RÜCKZUG NACH INNEN

Die Saison für Outdoor-Sport ist praktisch vorbei. Wäre das nicht der richtige Moment, endlich mal einen Yogakurs zu machen? Ihre Freundin schwärmt doch schon lange, dass sie so ihr inneres Gleichgewicht gefunden habe. Das klingt auch nach einer guten Abwehrstrategie gegen den Winter-Blues.

➔ YOGAKLUB

www.yogaklub.de | Humboldtstr. 69 | Tel.0178 9 77 91 42

Sachsenhausen & der Süden

1 Frühling

AUF INS WÄLDCHE!

50 m hoch über die Wipfel des Stadtwalds schaukeln oder in der Wildwasserbahn zwischen den Bäumen hindurchrasen? Jedes Jahr zu Pfingsten begeht Frankfurt seinen ›Nationalfeiertag‹. Dazu bauen Schausteller den einzigen Waldrummelplatz Deutschlands auf – mit Gastro-Zelten, Musikbühnen und allem, was zu einem Volksfest dazugehört.

➔ WÄLDCHESTAG

Niederrad | www.frankfurt-tourismus.de | 19.–22. Mai 2018, Sa, So 12–01, Mo, Di 12–24 Uhr | Am Oberforsthaus

2

Sommer

THEATER IM ZELT

Im Sommer verwandelt sich das Museumsufer dank des blauen Theaterzelts der Comoedia Mundi in ein Kulturufer. Hier treffen sich die Kulturbegeisterten der Stadt um Musik- und Theatervorführungen zu genießen oder sich einfach nur im Biergarten auszutauschen.

➔ TANGENTE-FESTIVAL

Sachsenhausen | www.comoedia-mundi.de | Ende Juni–Anfang Aug., tgl. ab 13 Uhr, Programm s. Website | 23 Euro | Schaumainkai Höhe Deutsches Architekturmuseum | Tel. 0151 26 93 97 81

3

Herbst

DIE KÜRBISSAISON IST ERÖFFNET

Jetzt eine schöne Kürbissuppe und das Herbstfeeling ist perfekt! Frische Zutaten dafür gibt es jeden Samstag auf dem Bauernmarkt am Ziegelhüttenplatz. Wenn nach dem gemütlichen Shopping der Hunger schon zu groß ist, lässt sich mit einer Kleinigkeit auf die Hand die Wartezeit bis zum Suppengenuss verkürzen.

➔ MARKT AM ZIEGELHÜTTENPLATZ

Sachsenhausen | www.bauernmarkt-hessen.de | Sa 9–13.30 Uhr | Ziegelhüttenplatz

4

Winter

WINTER WONDERLAND

Schon gewusst? Der Frankfurter Stadtwald gehört zu den größten innerstädtischen Waldflächen Deutschlands! Darum stellt sich auch nicht die Frage, wohin man in der Mainmetropole geht, wenn einen die Winter-Romantik packt. Wer braucht da noch den Taunus?

➔ STADTWALD

Sachsenhausen | www.frankfurt.de

REGISTER

7 Sinne 61
22nd Lounge & Bar 36
360 Jump 93
Adlib 39
Adolph-von-Holzhausen-Park 157
African House 16
Albatros 61
Alexis Sorbas 89
Alims Fischimbiss 30
Alte Liebe 72
Amélie's Wohnzimmer 140
A'mir 53
Anglo Irish 43
Apfelgrün zum Anziehen 157
Apfelwein Dax 119
Apfelwein Klaus 32
Aroma 114
Aroydee 115
Bäckerei Huck 7
Backstage 73
Balducci 130
Baltique 94
Bangkok 145
Basaglia 14
Batschkapp 47
Beet Root 108
Bernemer Faß 44
Best Worscht in Town 11
Bidlabu 10
Birmingham Pub 54
Bistro Salvatore 53
Bitter und Zart 110
Blanket Store 153
Blumen 80
Bockenheimer Warte 148
Bollys Chillys 11
Bornheimer Wochenmarkt 150
Botanischer Garten 148
Bouldern 107
Brombacher 77
Brotfabrik 39
Brot und seine Freunde 6
Brühmarkt 14
Buchscheer 94
Bunt 36
Burgerbaby 115
Burgermeister 91
Burrito Bande 12
Café Bohne 55
Café Crumble 58
Café Diesseits 16
Café Größenwahn 118
Caféhaus Siesmayer 71
Café Karin 55
Café Liebfrauenberg 59
Café Maingold 58
Camberger Brücke 154
Carte Blanche 89
Casa Pintor 19
Cave 40
Centro Cultural Gallego 85
Chairs 144
Chaplin 35
Chatravee 63
Chez IMA 32
Chimmichurri 109
Cinelli's Ice Cream Rolls 90
CineStar Metropolis 21
Circus 141
Club Voltaire 143
Conditorei Eube 110
Confiserie Graff 110
Da Pasquale 97
Das Bett 40
Das Eis 138
Das Frankfurtspiel 93
Demera 123
Der Grieche 24
Der Kultimbiss 114
Der Löwe 96
Die Fabrik 143
Die kleine Anna 10
Dippemess 151
Do Brasil 16
Doctor Flotte 49
Don Juan 30
Dora Brilliant 48
Dough House 39
Dreikönigskeller 45
Drosselbart 85
Druckwasserwerk 96
Eatdoori 65
Ebbelwei-Express 135
Ebbelwoi Unser 119
Eis Christina 111
Eissporthalle 107
El Amara 120
Elfer 38
Erno's Bistro 12
Erzeugermarkt Konstablerwache 83
Escape Games 69
Eschenheimer Turm 140
Españita 131
Europäische Zentralbank 134
Falknerei Ronneburg 77
Fattoria La Vialla 124
Feinstaub 25, 47
Fichtekränzi 85
Fisch Franke 18
Fit Kitchen 105
Fleming's 61
Fletcher's Better Burger 31
Frankfurter Blumenbote 113
Frankfurter Botschaft 133
Frankfurter Flohmarkt 62
Freibäder 69
Freitagsküche 86
Fun Forest 93
Gallus Sommer 155
Gallus-Theater 155
Garten des Himmlischen Friedens 125
Gaststätte Weida Im Blauen Bock 119
Gatsby 35
Gibson Club 25
Gingko 61
Ginnheimer Wirtshaus 65
Godi 19
Goetheturm 83
Goldene Schere 125
Goldman Restaurant 130
Good Guys 35
Greenfoody 109
Gustav 116
Guter Bulle 101
Gute Stute 22
Hamburger am Turm 53
Harry's New York Bar 73
Harvey's 59
Haus am Dom 152
Heidi & Paul 105

Henscheid 116
Heroes Premium Burgers 17
Höchster Altstadt 83
Homburger Hof 96
Hoppenworth & Ploch 14
Iimori 71
Iimori Gyozabar 104
Im Glück 7
Im Herzen Afrikas 144
Iwase 12
Jamy's Burger 31
Jaspers 17
Jazzkeller 40
Jeanette Baguette 71
J'Epoca 51
Jesse James 65
Kabuki 121
Kaffeerösterei Wissmüller 149
Kaiserdom St. Bartholomäus 134
Kakadu's 102
Kameha Suite 130
Kanutouren in Weilburg 77
Kenkey House 121
Kino im Filmmuseum 27
Kiosk 45 45
Klassikstadt 83
Kleinmarkthalle 124
Kochhaus Bockenheim 20
Konfuzius sagt … 86
Kraut & Rosen 113
Krimischiff 93
La Cigale 81
Lafleur 129
La Maison du Pain 6
La Malila 151
Lama-Trekking in Büdingen 77
Landwehrstübchen 89
L'Art Sucré 111
Lasertag 92
La Soupe 9
Laube Liebe Hoffnung 143
Lebensfreude 49
Leib & Seele 67
Lella Mozzarella 86
Le Panther 40
Lobster 43
Lohninger 95
Lohrbergschänke 132
Maaschanz 67
Magic Bowl 27
Main BBQ Donut 143
Maincafé 136
Mainnizza 133
Mainova Frankfurt Marathon 153
Mainstrand 136
Maintower-Restaurant 132
Mal seh'n Kino 157
Mampf 36, 46
Mancini 114
Margarete 9
Markt am Ziegelhüttenplatz 159
Markt im Hof 63
Matsuri 131
Maxie Eisen 32
Mellow Yellow 71
Melody Karaoke 21
Merals Dönerboot 136
Mera Masala 101
Metropol 60
Metzgerei Kaiser 113
Michis Schokoatelier 111
Mokkateeria 143
Mola 55
Moloko+ 145
Mon Amie Maxie 128
Moon 13 40
Morcolade 71
Moriki 128
Mosebach 119
Moseleck 45
Mr. Lee 74
Muku 74
Nacht der Museen 152
Nachteule Frankfurt 113
Nachtleben 22
Naiv 67
Nazar Kebap Haus 54
Niddastrand 138
No. 16 de Luigi e Luana 128
Normalkneipe 22
Nykke & Kokki 6
Oberschweinstiege 97
O'Dwyers Pub 21
Ojo de Agua 9
Old Fashioned 34
Oosten 94
Operncafé 129
Orange Beach 138
Orange Peel 43
O'Reilly's 50
OYE 48
Pak Choi 123
Palmengarten 69
Paolo 65
Parthenon 85
Pasta e Panini 10
Pearly Gates 35
Peggy Sue 42
Physikalischer Verein 135
Pizza Petro 47
Pizzeria 6611 101
Pizzeria Da Cimino 115
Pizzeria Montana 32
Plank 50
Poetry Slam Deluxe 21
Ponyhof 41
Portikus 63
Power-Party der Samsung Frankfurt Universe 124
Prager Botschaft 67
Qualitätseck 17
Quan Van 72
Rama V 72
Restaurant Français 144
Röderberg 39
Roseli 140
Rote Bar 36
Safran & Sauerkraut 89
Salädchen 105
Salzkammer 140
Satourday 62
Savanna 85
Savory 61
Schandis 10
Schauspiel Frankfurt 26
Schöne Aussicht 133
Schöneberger 65
Schönhauser 139
Schuch's 90
Schwimmbad 25
Senckenberg Naturmuseum 149
Seoulfood 109
Seven Swans 80
Skyline-Garden 82
Smørgas 18
Solardraisine Überwaldbahn 76
Solzer 116
Sommerhoffpark 155
Sonamu 120
Speak Easy 45
Speisekammer 95
Spiridon Lauftreff 27
Sportband am Hafenpark 107
Spritzehaus 47
Stadtwald 68 159
Stand 107
Stanley Diamond 144
Stern Kaffeerösterei Wissmüller 13
Stoffel Festival 150
Stones 104
Straßenblick 135
Südbahnhof 47
Sugar Mama 70
Sullivan 50
Summa Summarum 25
Suppengrün 104
Sushiedo 101
Sushiko 86
Taj Mahal 123
Tangente-Festival 159
Tanzhaus West 48
Tap Tim Thai 123
T'Atelier 112
Taunus 25 45
The Holy Cross Brewing Society 14

The Legends 37
The Place to be 49
Tobias Tröndle 113
Tower-Café 91
Trares 74
Trattoria Amici 74
Trattoria i Siciliani 131
Travolta 41
Tretbootverleih 106
Trinkhalle 43
Tuesday Night
Skating 26
Una Grill 30
Velvet 37
Verkehrsmuseum 68
Vevay 60
Villa Leonhardi 132
Villa Merton 128
Vipho 120
Voices 43
Volkswirtschaft 24
V'uisine 89
Wacker's 13
Waffle World 34, 91
Wäldchestag 158
Waldgeist 101
Walon & Rosetti 19
Waxy's 23
Wein Dünker 51
Weinsinn 81
What the Food! 108
Wiesenlust 109
Willie James 23
Wir Komplizen 89
Wunderbar 58
Yachtklub 38
Yogaklub 157
Yours Australian
Bar 54
Yumas 19
Zappbar 50
Zebulon 90
Zeit für Brot 6
Zoom 38
Zu den 12
Aposteln 102
Zum Adler 102
Zum lahmen Esel 97
Zum Schwan 95
Zum Tannenbaum 25
Zur Kastanie 102
Zur Sonne 139
Zur Stalburg 118

FSC
www.fsc.org
MIX
Papier aus verantwortungsvollen Quellen
FSC® C004599

IMPRESSUM

14. Auflage 2018, Beste Stadt der Welt – Frankfurt 2018 (Cityguides)

Chefredaktion: Marion Zorn
Verlagsredaktion: Susanne Heimburger, Johanna Jiranek
Gesamtredaktionelle Betreuung: derschönstesatz (Lucia Rojas)
Lektorat: Lucia Rojas
Autorinnen: Katharina Cichosch, Sandra Kathe
Ko-Autoren: Mirjam Glaser, Roland Gramling, Stephanie Kreuzer, Andrea Möller, Isabelle Stier, Ann Wente
Fotografen: Ernst Wrba, Michael Meisen
Bildredaktion: Anja Schlatterer
Kartografie Touren- und Stadtviertelkarten: © MAIRDUMONT, Ostfildern
Vermarktung: MAIRDUMONT MEDIA, media@mairdumont.com
Gestaltung Cover: Karl Anders, Hamburg – Studio für Brand Profiling; Illustrationen Cover: Superherodesign, Stuttgart
Innengestaltung: Superherodesign, Stuttgart

Printed in Germany.

BILDNACHWEIS

K. Cichosch (164 o. re.); S. Kathe (164 o. li.); mauritius images: (2 re., 56, 112/113), N. Frei (123), haag+kropp (134 re.), A. Killian (88 o.), Schöttger (74); mauritius images/age fotostock: vedrosn (106); mauritius images/Alamy: AKP photos (125), D. Barba (132), S. Burford (46), S. Fesenko (7 u.), S. French (42), N. Kostenyukova (140), E. Lattes (19 u. li.), H. Sessions (24 o., 30), M. Tielemanns (92), W. Wiskerke (53), Zoonar (101, 110); mauritius images/artpartner (39, 73 o.); mauritius images/blendimages: (2 M., 28), J. Lund (3 li., 78); mauritius images/calaimages: R. Daly (2 li., 4); mauritius images/chromorange: B. Kägi (76); mauritius images/Cultura: D. Lewis-Harrison (99), Manuela (41); mauritius images/foodcollection (3 re., 19 u. re., 35, 36, 44, 67, 102, 104, 126); mauritius images/imagebroker: S. Belcher (23 u.), C. Brignell (82), M. Brunner (72), creativ studio heinemann (68), foodcollection (14), M. Hauser (10), O. Maksymenko (134 li.), M. Redmann (62), M. Weber (26), A.-S. Wittwer (81 u.); mauritius images/photononstop: C. Abad (59 u.); mauritius images/pixtal (20); mauritius images/Westend 61: S. Kranfeld (109); mauritius images/weststudios (65); E. Wrba/M. Meisen (Klappe u., 7 o., 11, 17, 23 o., 24 u., 34, 37, 38, 48, 51, 52, 54, 59 o., 60, 64, 70, 73 u., 75, 87, 97, 100, 103, 105, 108, 115, 117, 118, 122, 137, 138, 141, 142, 164 u. li.); E. Wrba (Klappe o. li., Klappe o. re., 8, 12, 15, 18, 31, 33, 66, 81 o., 84, 88 u., 91, 95, 111, 121, 129, 133, 145, 164 u. re.)

SCHREIBEN SIE UNS!

LIEBE LESERIN, LIEBER LESER
Wir setzen alles daran, Ihnen möglichst aktuelle Informationen zu geben. Dennoch schleichen sich manchmal Fehler ein – trotz gründlicher Recherche unserer Autoren/-innen.
Sie haben sicherlich Verständnis, dass der Verlag dafür keine Haftung übernehmen kann.
Wir freuen uns aber, wenn Sie uns schreiben:

Marco Polo Redaktion
MAIRDUMONT
Postfach 31 51
73751 Ostfildern,
info@marcopolo.de

AUTORINNEN & FOTOGRAFEN

KATHARINA CICHOSCH

Als die Autorin an den Main zog, hielt sich die Begeisterung ihrer Freunde zunächst in Grenzen: Frankfurt galt als hässlich, öde, Bankenstadt. Nach einigen Jahren hat sich die Besucherquote aber drastisch erhöht – weil man mit Katharina die spannenden Seiten der Ebbelwoi-Metropole kennenlernt. Sitzt sie am Rechner, schreibt sie meist über Kunst und Popkultur, Reisen und Kulinarisches.

SANDRA KATHE

Dass Frankfurt Potenzial zum Lebensmittelpunkt haben könnte, bemerkte die Südpfälzerin erstmals im Feierabendstau auf dem Weg ins Theaterparkhaus. Verkehrschaos, Leuchtreklamen, Hochhäuser und Stadtlärm – für das Kleinstadtkind ein gefundenes Fressen. Als freie Journalistin arbeitet sie für die »Frankfurter Neue Presse« und erforscht dabei die Stadt aus spannenden Blickwinkeln, durch Hintertüren und die Augen ihrer Bewohner.

ERNST WRBA

Eigentlich wollte er ja immer in Wien leben, sollte aber nicht sein. Stattdessen ist er nach dem Fotodesignstudium in Hessen hängen geblieben und hat die Metropole Frankfurt schätzen und lieben gelernt. Mittlerweile hat es ihn nach Wiesbaden verschlagen, für ihn die schönste Stadt zum Leben.

MICHAEL MEISEN

Er lebt seit 1996 zweigleisig: in einem stillen Odenwaldtal und an Frankfurts kultureller Schlagader, dem Museumsufer. Auch als Fotograf liebt er die Gegensätze: Die meiste Zeit shootet er als Food-Spezialist für Verlage und Werbung, für seine freien Arbeiten bekam er gerade in London einen 2. Preis beim internationalen Award »Pink Lady Food Photographer of the Year 2017«.